ПОЭЗИЯ РУССКИХ ФИЛОСОФОВ XX века

Антология

Составители:
Михаил Сергеев и Леонид Столович

Вступительная статья Леонида Столовича

БОСТОН • 2011 • BOSTON

Поэзия русских философов XX века / *Антология*
Составители: Михаил Сергеев и Леонид Столович
Вступительная статья Леонида Столовича

Poetry of Russian Philosophers of 20th Century
Anthology
Compiled by Mikhail Sergeev and Leonid Stolovich
Introduction by Leonid Stolovich

Copyright © 2011 by M. Sergeev and L. Stolovich
Copyright © 2011 by M·Graphics Publishing

All rights reserved.
No part of this book may be reproduced or utilized in any form or by any means, electronic or mechanical, including photocopying, recording, or by any information storage and retrieval system, without the written permission of the copyright holder.

Request for permissions to reproduce this book or portions thereof in any form should be e-mailed to: mgraphics.books@gmail.com

ISBN 978-1-934881-59-0

Library of Congress Control Number 2011924802

M·Graphics Publishing
www.mgraphics-books.com
mgraphics.books@gmail.com

Дизайн обложки: П. Крайтман © 2011
Фотография М. Сергеева на задней обложке — Виктор Велин.

Printed in the United States of America

СОДЕРЖАНИЕ

*Философия в поэзии
и поэзия в философии*   7

Лев Карсавин   27

Павел Флоренский   53

Алексей Лосев   75

Юрий Борев   85

Леонид Столович   103

Велимир Петрицкий   125

Вадим Рабинович   143

Евгений Рашковский   163

Лариса Матрос   181

Игорь Крюков   197

Татьяна Аист   215

Григорий Беневич   235

Михаил Сергеев   255

Сергей Питаш   273

Олеся Козина   287

Философия в поэзии и поэзия в философии

18 февраля 1802 года Гете писал Шиллеру: «Я провел очень хороший вечер с Шеллингом. Значительная ясность в сочетании со значительной глубиной всегда очень отрадна. Я бы чаще виделся с ним, если бы не надеялся еще на поэтические мгновения, ведь философия разрушает для меня поэзию тем, что насильно вводит меня в объект. Я вообще не могу мыслить чисто спекулятивно, поскольку тотчас же начинаю искать в каждом тезисе некое зрительное представление, и поэтому тотчас же ускользаю в природу»[1].

Следует ли из этого высказывания одного из величайших поэтов, что поэзия и философия — «две вещи несовместные»? Но ведь сам Гете был не только поэтом, но замечательным философским мыслителем в своей поэзии, не говоря уже о том, что он вошел и в науку как естествоиспытатель.

Фридрих Шиллер, который тоже был великим поэтом, но также, можно сказать, и профессиональным философом, отвечал своему другу 19 февраля: «Чрезвычайно любопытно то, что Ваша созерцательная натура столь удачно ладит с философией и постоянно черпает в ней энергию и силы; сомневаюсь, однако, что спекулятивная натура нашего друга [Шеллинга] сможет столько же перенять у Вашей, и причина тут кроется уже в самом существе дела. Ибо Вы берете из его идей лишь то, что соотносится с Вашими наблюдениями, остальное же не волнует Вас, ибо, в конечном счете, решающим для Вас оказывается объект, а не спекуляция, если их не удается сочетать. Философа же должно чрезвычайно стеснять любое наблюдение, которому он не может найти места в своей системе, поскольку он абсолютизирует свои идеи»[2].

---
[1] И.-В. Гете, Ф. Шиллер. Переписка в двух томах. — М.: «Искусство», 1988, с. 372.
[2] Там же, с. 373–374.

Значит дело тут не в несовместимости поэзии и философии как таковых. Но несомненно то, что между ними существует важное различие не только по форме. Проявление в философии познавательной деятельности сближает ее с наукой. Это дает возможность существования в философии логико-рационального стиля, в котором научное знание с его рационалистичностью, системностью, логической доказательностью и обоснованностью становится интеллектуальным идеалом для многих выдающихся философов. По мере становления науки как особой формы человеческого познания и знания, многие философы стремились даже в изложении своих мыслей следовать принципам научности, образцом которых служили математические науки. Спиноза не только излагает «в геометрическом порядке» философию чтимого им Декарта, но в виде труда по геометрии пишет свою «Этику». Немало выдающихся мыслителей соединяло в себе мудрость философа с талантом ученого-исследователя (Декарт, Лейбниц, Ломоносов, Кант и т.д.), наука становится образцом для многих крупнейших философов, начиная с XVII века.

Философия, не только сциентистски-ориентированная, но и эстетически-образного и даже религиозно-мистического стиля, обращается для обоснования своих положений не к эмоциям, как искусство и религия, а к логике, к рациональности, хотя и разного типа, стремясь даже в иррациональном обнаружить нечто рациональное. Можно сказать, что идеалом (хотя часто и неосуществимым) философского мироотношения является спинозовский принцип беспристрастного и свободного исследования, принцип, заимствованный у математики: «я постоянно старался не осмеивать человеческих поступков, не огорчаться ими и не клясть их, а понимать»[3]. В сфере же искусства не плакать и не смеяться — значит и не понимать.

Но философия не то же самое, что философ. Философ не только орган абстрактного мышления. Он — тоже человек, личность со всеми личностными свойствами, наделенная не только мышлением, но и эмоционально-духовным миром. Психолог Н. Т. Оганесян в статье «Терапевтические аспекты психологии поэтического творчества», опубликованной в «Журнале практической психологии и психоанализа», синтезируя

---

[3] *Спиноза Б.* Избранные произведения в двух томах, т. II. — М., 1957, с. 288.

материалы по психологии художественного творчества, выделяет 18 причин, побуждающих людей писать стихи: Душевный покой; Душевная радость; Эмоциональное реагирование; Эстетические переживания; Поэзия как игра; Поэзия как лекарство от скуки; Поэзия как разделенное страдание; Поэзия как «оазис»; Поэзия как виртуальный мир; Поэзия как объективация страдания; Поэзия как магия; Поэзия как внушение; Поэзия как внутреннее движение; Поэзия как самопознание; Поэзия как стимул развития художественной компетентности; Поэзия как заменитель общения при одиночестве (разговор с самим собой); Поэзия как омолаживающий фактор; Поэзия как «мольба о бессмертии» (http://psyjournal.ru/j3p/pap.php?id=20020310). Всё это обуславливает тягу философов и ученых к художественному, в частности, к поэтическому творчеству как к дополнению того, что им не достает в сфере основной профессиональной деятельности.

Передо мной книга «Музы в храме науки»[4]. В ней представлено стихотворное творчество многих русских ученых, начиная с М. В. Ломоносова. Тут и химики А. П. Бородин (автор знаменитой оперы «Князь Игорь») и Н. А. Холодковский (блестящий переводчик гетевского «Фауста»), один из создателей космической биологии А. Л. Чижевский, нейробиолог Д. А. Сухарев (Сахаров), генетик Н. П. Дубинин, авиаконструктор О. К. Антонов... Всего в сборнике стихотворения пятидесяти пяти ученых. Стихи не только известных поэтов, но и ученых опубликованы в книге «Поэтическая экология», составленная Ф. Р. Штильмарком. (Киев: Киевский эколого-культурный центр, 1998). Такого рода сборников поэтического творчества ученых разных стран можно было бы составить множество. Отметим, что ученые, обращаясь к поэзии, воплощают в ней не столько специально-научные искания, а свои философские размышления о жизни, о космосе, о человеческом познании и знании.

Что касается философов, то их обращение к поэзии носит особый характер.

Специфическая особенность философии как формы человеческого сознания, на мой взгляд, заключается в том, что она «располагается» между двумя полюсами таких видов человеческой деятельности, как *познавательная* и *ценностно-ориента-*

---

[4] Музы в храме науки. Сборник стихотворений. 2-е изд./Составитель, автор предисловия проф. В. Ф. Ноздрев. — М.: «Советская Россия», 1988.

ционная. Между этими полюсами находятся и другие формы сознания: наука, религия, искусство, тяготея или к познавательной деятельности, как наука, или же к ценностно-ориентационной деятельности, как религия. Искусство же, подобно философии, включает в себя оба вида деятельности. Взаимодействие философии с другими формами сознания проявляется в том, что в самой философии существуют различные стили: *логико-рациональный, эстетически-образный* и *религиозно-мистический*.

Ориентация на научное знание, так сказать, сциентизация философии, не есть единственная тенденция развития философской мысли. Со времени своего возникновения философия развивалась также в **эстетико-художественном ключе.** Это проявлялось и в обращении к художественно-образному строю мыслей, предполагавшему поэтическую и драматическую форму изложения, как у Ксенофана и Парменида, Платона и Лукреция Кара, в «Утопии» Томаса Мора и «Так говорил Заратустра» Фридриха Ницше, в пьесах Сартра и романах Камю. Тяготение философии к художественному творчеству выразилось не только в эстетичности философии, в образовании философии искусства и красоты — эстетики, но и в философичности самого искусства, сотворившего «Божественную комедию» Данте и «Человеческую комедию» Бальзака, «Фауста» Гёте и «Доктора Фаустуса» Томаса Манна, жанры философского романа и философской лирики. Для понимания русской философской мысли очень важно иметь в виду ее проявление в жанрах философского романа и философской лирики. Великие романисты Достоевский и Лев Толстой, замечательные поэты Державин, Баратынский, Тютчев, не говоря уже о Пушкине, должны рассматриваться не только в истории русской литературы, но и в истории русской философии. Таким образом, связь философии с ценностно-ориентационной деятельностью делает возможным взаимодействие философии с искусством и порождает *эстетически-образный стиль* самой философии.

Занимая промежуточное положение между объективным познанием и субъективно-личностной оценочной деятельностью, сама философия не безлична, подобно результатам научных открытий. Философская система, как и художественное произведение, выражает индивидуальность ее творца. Поэтому первоначальная типология философских направлений определяется именами философов — основоположников тех или иных направлений: платонизм, аристотелизм, эпикуреизм, томизм, картезианство, спинозизм, кантианство, шеллингианство, гегельянство, марксизм и т.п.

Эстетические и художественные ценности, оценочное к ним отношение — предмет философской рефлексии со времени возникновения философии. Искусство воздействует на философскую мысль через эстетику и этику, поскольку воплощает в себе эстетическое и моральное сознание эпохи. Но помимо этого, художественное познание мира, сопряженное с непосредственно ценностным его освоением, — неоценимый материал для философского мышления, по которому оно не только реконструирует прошлое, осознает настоящее, но и ощущает симптомы будущего. Критическая интерпретация художественных текстов, герменевтическое их истолкование — одна из форм развития философии. Невозможно представить европейскую философию без античной художественной культуры. Общепризнано значение Достоевского для многих мыслителей XX столетия. Но при этом нельзя забывать, что сама интерпретация обусловлена философско-методологическими принципами интерпретатора и что художественное произведение не сводится к философскому «эквиваленту» и не делится на философию «без остатка».

Ценностная ориентированность и философии, и искусства, несмотря на специфическое ее преломление в каждой из этих форм общественного сознания, является основой их взаимодействия, взаимовлияния и взаимопроникновения. В философии вырабатываются ценностные критерии, с которыми не может не считаться искусство. При этом ценностные критерии в виде идеалов разрабатываются одновременно, хотя и «с разных сторон», как философией, так и искусством. Философская проблематика всегда привлекала внимание выдающихся деятелей искусства. И дело не только в том, что они обращались к философии и сами писали философские и эстетические трактаты, становясь тем самым философами, как Петрарка, Руссо, Дидро, Лессинг, Хогарт, Шиллер, Герцен, Толстой, Унамуно, Сартр, Камю. Великие художественные творения ставили и по-своему решали коренные проблемы человеческого бытия, смысла и ценности жизни людей. Античная трагедия, «Божественная комедия» Данте и «Человеческая комедия» Бальзака, шекспировский «Гамлет» и «Фауст» Гете, романы Льва Толстого и Томаса Манна, скульптура и фрески Микеланджело и живопись Андрея Рублева, музыка Баха, Бетховена, Шостаковича — всё это великое искусство и одновременно художественно-образная философия.

Понятие «художественно-образная философия» может показаться *contradictio in adjecto*. Ведь философия царит в сфере абстрактных понятий и идей и, казалось бы, какая бы то ни было образность ей противопоказана. Даже в мире ценностей ее, прежде всего, интересует *теоретическое* постижение их сущности. И тем не менее, реальная история философской мысли показывает, что она отнюдь не безлика, что она и самой сущностью ценностного отношения занимается не как самоцелью, а стремясь, в конечном счете, направить ценностную ориентацию людей в определенное русло. Вот почему философ нередко апеллирует к образам искусства, видя в них воплощение своих мыслей. В «Феноменологии духа» Гегеля мы находим ссылки на Софокла, Аристофана, Шекспира, Дидро, и заканчивается это, наверное, самое философское из всех философских произведений стихами Шиллера.

Существуют такие формы творчества, в которых органически сливаются наука и искусство — художественно-научная литература и кино. Эти формы синтеза науки и искусства были метко названы «кентавром»[5]. Может быть для произведений, в которых нерасторжимое единство образуют философия и искусство, подошло бы наименование «сфинкс»? Для их создания необходимо счастливое сочетание талантов мыслителя и художника. Движение к синтезу может быть и с той и с другой стороны. В результате его возникает философия-искусство и искусство-философия. Но и в своем раздельном существовании они равно необходимы друг для друга и для жизни человеческого духа.

Талант, как заметил Шолом-Алейхем, как деньги: если он есть, то есть, а если его нет, так нет. Не все философы наделены поэтическим даром, да и мера его у разных людей разная. Философы пишут стихи, воплощая в них те стороны своей человеческой личности, которые не умещаются в «прокрустово ложе» философских абстракций, но также и для того, чтобы эти абстракции перестали быть только абстракциями. Подтверждением этого является поэтическое творчество русских философов. Разумеется, поэтическое творчество было дополнением к философской деятельности не только у русских филосо-

---

[5] См. *Данин Д.* Перекресток. Писатель и наука. — М., 1974, с. 15, 43, 53.

фов. В этой связи можно вспомнить имя *Ницше,* не говоря уже о многих античных философах.

В русской поэзии первой половины XIX столетия утвердилась традиция философской лирики. Она шла от М. В. Ломоносова и Г. Р. Державина к А. С. Пушкину, Е. А. Баратынскому, Ф. И. Тютчеву. Но наряду с *поэтами-философами,* по мере развития самой философской мысли появляются *философы-поэты.* В этом отношении примечательна деятельность московского философского кружка «Общество любомудрия», особенно его секретаря *Дмитрия Владимировича Веневитинова* (1805–1827) — теоретика кружка и в то же время талантливого поэта, выражавшего в своих стихах его программные основания[6]. Алексей Степанович Хомяков (1804–1860) был дружен с Д. В. Веневитиновым (они даже соревновались в стихотворстве), хотя и не входил в «Общество любомудрия». В конце 30-х годов А. С. Хомяков вместе с И. В. Киреевским становится основателем славянофильского движения. Будучи, несомненно, крупным мыслителем-философом, а также занимаясь многими практическими делами от сельского хозяйства до врачевания, А. С. Хомяков вошел в историю русской литературы как самобытный поэт, поэтический дар которого ценил сам Пушкин, писавший: ««Ермак» А. С. Хомякова есть более произведение лирическое, чем драматическое. Успехом своим оно обязано прекрасным стихам, коими оно писано»[7]. В 1969 г. в «Библиотеке поэта» (большая серия, второе издание) вышел почти 600-страничный том А. С. Хомякова «Стихотворения и драмы». В обширной вступительной статье к этой книге Б. Ф. Егоров тщательно описал и проанализировал поэтическое творчество философа-славянофила, показав, как в его стихах выразились его личностные свойства и его философские воззрения не без потерь для собственно поэзии. Исследователь отмечает такую особенность поздней хомяковской лирики — «ее логизированность, схематизм, обдуманность» и приводит слова самого Хомякова из письма 1850 г.: «без притворного смирения я знаю про себя, что мои стихи, когда хороши, держатся мыслью, то есть прозатор везде проглядывает и следовательно дол-

---

[6] См. *Гинзбург Лидия.* Опыт философской лирики // *Гинзбург Лидия.* О старом и новом. Статьи и очерки. — Л., 1982.

[7] *Пушкин А. С.* Собрание сочинений в десяти томах. VI. — М., 1981, с.114. См. там же, с. 148. Отношение А. С. Пушкина к поэтическому творчеству А. С. Хомякова рассматривалось в статье В. А. Кошелева «Пушкин и Хомяков» (http://Homyakov.Ouc.Ru/Pushkin-I-Homakov.Html).

жен наконец задушить стихотворца», в то же время, по его словам, Тютчев «насквозь поэт <...>. У него не может иссякнуть источник поэтический»[8].

Стихи составляют важную часть творческого наследия великого русского философа Владимира Соловьева. В предисловии к своему сборнику стихов «Стихотворения», изданному в 1891 г., Вл. Соловьев заметил, что «не злоупотреблял своею способностью к версификации и не сочинял стихов без внутреннего побуждения»[9]. В стихах философа широкий диапазон. У него есть и интимная лирика, и лирика пейзажная, и шуточные стихотворения, и переводы западных и восточных поэтов, в которых переводчик находил свое второе «я», и политическая лирика (например, стихотворение «Панмонголизм»), и собственно философская. Без поэтического творчества Вл. Соловьева было бы не воссоздать личности замечательного мыслителя. С другой стороны, нет сомнения, что философское начало составляет ядро этой личности, хотя порой не все его стихотворения полностью стыкуются с философскими воззрениями. Как отмечает З. Г. Минц, «изображение принципиально двупланово: оно имеет и интимно-психологический и общефилософский аспекты». Притом, подчас возникает противоречие между философски декларированной позицией (в том числе и в самих стихах) и поэтическим прозрением. Так «возникает то объединение тем Вечной Женственности и реальной, земной страсти, а подчас и растворение первого из этих мотивов во втором, которое не только шокировало религиозных интерпретаторов Соловьева, но, пожалуй, смущало и самого поэта, толкая его к объяснениям перед читателями, критикой и... самим собой»[10]. Исследователь поэзии философа справедливо полагает, что «противоположные тенденции в соловьевском творчестве часто сосуществуют»[11].

Как бы в полемике со Спинозой, утверждавшим, что надо не плакать, не смеяться, а только понимать, Вл. Соловьев осо-

---

[8] *Хомяков А. С.* Стихотворения и драмы. *Вступительная статья, подборка и примечания Б. Ф. Егорова.* — Л.,1969, с. 47.
[9] Сборник «Стихотворения» факсимильно воспроизведен в книге: *Соловьев Владимир.* Стихотворения. Эстетика. Литературная критика. — М.: «Книга», 1990.
[10] *Минц З. Г.* Владимир Соловьев — поэт // Блок и русский символизм. Избранные труды в трех томах. Поэтика русского символизма. — СПб.: «Искусство-СПБ», 2004, с. 294.
[11] Там же, с. 295.

бенно в своей поэзии подымает плач и смех до метафизических высот:

> Таков закон: всё лучшее в тумане,
> А близкое иль больно, иль смешно.
> Не миновать нам двойственной сей грани:
> Из смеха звонкого и из глухих рыданий
> Созвучие вселенной создано[12].

Ирония философа-поэта в самоэпитафии не щадит самого себя (и не только):

> Владимир Соловьев
> Лежит на месте этом.
> Сперва был филосо́ф.
> А нынче стал шкилетом.
> Иным любезен быв,
> Он многим был и враг;
> Но без ума любив,
> Сам ввергнулся в овраг.
> Он душу потерял,
> Не говоря о теле:
> Ее диавол взял,
> Его ж собаки съели
> Прохожий! Научись из этого примера,
> Сколь пагубна любовь и сколь полезна вера[13].

А в автопародии мы читаем:

> Вотще! Не проживешь стихами,
> Хоть как свинья будь плодовит!
> Торгуй, несчастный, *сапогами*
> И не мечтай, что ты пиит[14].

---

[12] *Соловьев Владимир.* «Неподвижно лишь солнце любви…». Стихотворения. Проза. Письма. Воспоминания современников. — М., 1990, с. 31. Почти все биографы и исследователи творчества Вл. Соловьева отмечают его необычайное чувство юмора, смешливость и остроумие. А. Ф. Лосев писал, что соловьевская мистика была «жизнерадостной, жизнелюбивой <и даже юмористической>» (*Лосев А. Ф.* Вл. Соловьев. Второе издание. — М.: «Мысль», 1994, с.186).

[13] *Соловьев Владимир.* «Неподвижно лишь солнце любви…», с. 70–71.

[14] Там же, с. 99.

Певец мистической Софии и земной любви, иронично-смешливый и трагически-серьезный Вл. Соловьев вошел в историю не только русской философии, но и поэзии, став предтечей русского символизма, олицетворенного гениальным Блоком.

Историк культуры и религиозный мыслитель *Лев Платонович Карсавин* был тоже поэтом. Он — автор «Поэмы о смерти» (1931). Уже находясь в советском лагере у Полярного круга, Карсавин пишет «венок сонетов», поэтически выражающий его метафизику Всеединства. «Венок сонетов» — сложнейшая поэтическая форма, состоящая из 14 сонетов (2 четверостишия, связанные единой рифмовкой, и 2 трехстишия), в которых каждая последняя строка предыдущего сонета становится первой строкой следующего сонета. Из этих первых — последних строк складывается 15-ый, «магистральный сонет». Обращением к форме «венка сонетов» Карсавин, по мнению автора этих строк, наглядно показывает модель понятия «стяженное единство», которое, по Карсавину, образует единство мира — гармоническое единство многих «моментов» (или «качеств»). Ведь «магистральный сонет» и образует «стяженное единство» всех сонетов и в то же время он растворен в каждом из «моментов» (или «качествований») всех других сонетов.

Если моделью «стяженного всеединства» может служить литературная форма «венка сонетов», то временное развертывание *Всеединства* через *триединство* наглядно представляется стихотворной формой «терцин», к которой также обратился Карсавин в последний, лагерный период своего творчества. В «терцинах» (ими написана «Божественная Комедия» Данте) рифмовка первой строфы *aba* переходит в рифмовку второй *bcb*, вторая — в рифмовку третьей *cdc*, третья — в рифмовку четвертой *ded* и т. д. «Терцины» как бы предполагают реализацию Всеединства во времени, движение Абсолютного в тройственном ритме. В содержании же своих «терцин» философ-поэт стремится выявить метафизическую диалектику Творца и Творения[15].

«Венок сонетов» и «терцины» Л. П. Карсавина были опубликованы только через 20 лет после его кончины в «*Вестнике рус-*

---

[15] О связи поэзии Л. П. Карсавина с его религиозно-философскими воззрениями см. подробнее в книге: *Л. Н. Столович* «История русской философии. Очерки» (М.: «Республика», 2005, с. 220–222).

ского студенческого христианского движения» (Париж — Нью-Йорк, № 104–105, 1972 г., с. 298–318) и перепечатаны в еще ленинградском журнале «Звезда» (1990, № 12). Они воспроизводятся в предлагаемой читателю философско-поэтической антологии.

В антологии представлены стихи и *Павла Александровича Флоренского*. Среди его многих «ипостасей» — священник, богослов, философ, инженер-изобретатель, математик, ученый — существует и еще одна: он был также поэтом. В 1907 г. в Сергиевом Посаде издан был сборник его стихов «В вечной лазури». Он — автор поэмы «Эсхатологическая мозаика» (1904)[16], поэмы «Святой Владимир». Находясь в заключении в Забайкалье и на Соловках, он в 1934–1937 гг. писал лирическую поэму «Оро», которую не окончил[17]. Впервые свои стихотворения Флоренский опубликовал в символистских журналах «Новый путь» и «Весы». Символистская ориентация поэзии Флоренского не вызывает сомнения[18]. Стихи его в основном носят религиозно-мистический характер. Вместе с тем живым чувством пронизаны стихи Флоренского для сына Мики, написанные в поэме «Оро»:

> Текли печальные года.
> Но никогда, но никогда
> Тебя
>   не забывал отец,
>   Мой хрупкий маленький птенец.
> Себе я сердце
>   разорвать
> Готов был, только б мир и гладь
> Тебя окутали.[19]

---

[16] *П. А. Флоренский*. Эсхатологическая мозаика. Часть вторая // Контекст. Литературно-теоретические исследования. 1991. — М.: «Наука», 1991, с. 68–92.

[17] П. А. Флоренский. Оро. Лирическая поэма. 1934–1937 гг. Документы, отрывки из переписки с семьей. Рисунки./Составление, общая редакция и художественная концепция книги П. В. Флоренского и А. И. Олексенко. — М.: Институт учебника Paideia, 1997.

[18] См. кн.: Павел Флоренский и символисты: Опыты литературные. Статьи. Переписка/Составление, подготовка текста и комментарии Е. В. Ивановой. — М: Языки славянской культуры, 2004.

[19] http://antology.igrunov.ru/authors/Florensky/1085583699.html

В антологии публикуются также стихи «последнего классика» русской философии *Алексея Федоровича Лосева,* которые он сам не видел напечатанными. По свидетельству Е. А. Тахо-Годи, «в много раз гибнувшем архиве Лосева уцелела общая в линеечку серая ученическая тетрадь, а в ней два десятка стихотворений 1942–1943 годов». Стихам Лосева присуща эмоциональность и страстность, свойственная его философским трудам (последняя, подготовленная им книга названа была им «Страсть к диалектике») и художественной прозе.

> Ум — не рассудок, не скелет
> Сознанья духа и природы.
> Ум — средоточие свободы,
> Сердечных таинств ясный свет.

Основную часть антологии составляют стихи профессиональных философов России советского и постсоветского периода ее истории. В сборник включены также авторы стихотворений, проживающие в настоящее время вне своей исторической родины.

В советское, как и в предшествующее время, существовала и существует русская поэзия, в которой философское начало было присуще многим поэтам, разумеется, в разной мере. У *Андрея Белого,* своими статьями и эссе вошедшего в историю русской философии, у *Бориса Пастернака,* приобщенного к высшей школе Марбургского неокантианства[20], у *Максимилиана Волошина,* долгие годы не имевшего возможность публиковать на родине свои стихи, у *Николая Заболоцкого,* у *Леонида Мартынова* и др. философские идеи пронизывают многие произведения, а подчас поэтически-образно трактуются различные аспекты философской мысли. В подцензурной советской поэзии возможно было поэтическое обсуждение таких «вечных вопросов», как «человек и природа»[21], «жизнь и смерть», «мужчина

---

[20] О занятиях Б. Пастернака философией см. Fleishman, Lazar. Boris Pasternaks Lehrjahre / Lazar Fleishman, Hans-Bernd Harder, Sergei Dorzweiler. — Stanford, 1996; Лазарь Флейшман. Занятия философией Бориса Пастернака // Лазарь Флейшман. От Пушкина к Пастернаку. Избранные работы по поэтике и истории русской литературы. — М.: «Новое литературное обозрение», 2006, с. 400–520.

[21] Обзор поэзии на эту тему см. в книге Г. В. Филиппова «Русская советская философская поэзия. Человек и природа» (Л.: Издательство Ленинградского университета, 1981).

и женщина», природа красоты и искусства, сила любви, многие этические проблемы. В осмыслении этих вопросов поэт мог быть вне господствующей идеологии, не вступая с ней в открытый конфликт. То же, что прямо выходило за границы идеологически дозволенного, например, религиозное мироосмысление или непринятие советского миропорядка, могло существовать только написанное «в стол» (по словам поэта и искусствоведа *Льва Мочалова*, «бесславно, втихомолку, заживо мы в ящиках столов погребены»[22]).

Многие попытки изложить стихами марксистко-ленинскую философию, даже искренне верующими в нее поэтами, не увенчивались творческими успехами, будучи лишь образными иллюстрациями готовых тезисов, видом «наглядной агитации». В этом занятии не спасал даже великий поэтический талант, которым, несомненно, обладал *Маяковский*, наступавший, по его словам, «на горло собственной песне».

Философия в поэзии часто выражается через образно-афористические формулировки. Ведь афоризм — философский жанр литературы. По формуле поэта и философа *Вл. Микушевича*, «афоризм — это краткое изречение, мудрость которого не нуждается в доводах»[23]. Афористические определения красоты в поэзии являются своеобразной *поэтической эстетикой*, как, например, в формуле Александра Блока:

Сотри случайные черты —
И ты увидишь: мир прекрасен.
    («Возмездие»)

или в двустишии Осипа Мандельштама:

…красота — не прихоть полубога,
А хищный глазомер простого столяра.
    («Адмиралтейство»).

Николай Заболоцкий поэтически образно определил один из основных вопросов эстетики:

---

[22] Цитирую по авторской рукописи, находящейся в моем архиве.
[23] Владимир Микушевич. Проблески. — Таллинн: «Aleksandra», 1997, с. 179.

> …что есть красота
> И почему её обожествляют люди?
> Сосуд она, в котором пустота,
> Или огонь, мерцающий в сосуде?
> «Некрасивая девочка».

Стихи писали и пишут профессиональные философы. Обладая разной мерой таланта и поэтического мастерства, они в своих стихах часто находили отдушину от той философии, которой занимались «по службе». Конечно, образцом для философов-поэтов было творчество поэтов-философов или просто поэтов.

Передо мной сборник «Волхонка. 14. Стихотворения» (редактор-составитель *М. М. Новосёлов* — автор книги «Абстракция в лабиринтах познания»), изданный в Москве в 1995 г. в количестве 500 экземпляров. Волхонка. 14 — это адрес Института философии Российской Академии наук. В нем опубликованы стихи не только сотрудников этого Института, но также Института человека и Кафедры философии Российской Академии наук. Стихи, вошедшие в сборник, несут на себе отпечаток профессиональных занятий их авторов. В своих стихах, написанных не только тогда, когда «всё позволено», они позволяют себе такие философские «вольности», за которые им грозило бы, если и не увольнение с работы, то уже точно «персональное дело». Теперь уже можно, ничего не опасаясь, заявить:

> «ведь время —
> это Я» (*Александр Карпенко*, с. 75).

В немалом числе стихотворений звучат религиозные мотивы. *Валерий Коваленко* свой сонет озаглавил «России нужен Бог». Вот его последнее трехстишие:

> Без покаянья, без сердечных слез,
> Отныне нет и быть не может грез,
> Горячих грез о будущем спасенье.

Поэтический смысл стихотворения выражен не только в его содержании, но и в его форме. Поэт-философ написал не просто классический сонет, что уже само по себе требует поэтического мастерства, но сонет-акростих, т. е. стихотворение, в котором первые буквы строк читаются как сами слова, в данном случае название стихотворения: **России нужен Бог**.

Но, как заметил *Александр Карпенко*, «жив человек не логикой единой/Хотя она царица на Земле» (с. 78). И философам ничто человеческое не чуждо. Они пишут о временах года, о полюбившихся им местах, о любви, о любимой, об искусстве, о сгустках культуры. Как бы на машине времени они путешествуют в «глубины истории» (А. Ф. Лосев).

К сожалению, в сборник «Волхонка. 14. Стихотворения» не вошли стихи также работающего в этом доме доктора философских наук *Эрика Юрьевича Соловьева* — не только талантливого философа, но и очень одаренного поэта. Его остроумнейшие стихи и песни, памятные философам в 60–80 годах, к сожалению, в значительной мере до сих пор не опубликованы[24]. В 1995 г. в Екатеринбурге вышел литературный труд, включающий и стихотворные тексты, замечательного философа-острослова *Константина Николаевича Любутина* «Выбранные места из перепалки с друзьями». В выходных данных значится: «Бесплатно. Объем максимум. Тираж минимум». Нельзя не отметить, что философы-поэты внесли важный вклад в создание «карнавала» (по Бахтину) — народной смеховой культуры, которая была отдушиной в новом средневековье «реального социализма».

Стихи пишут представители различных профессий. Не сомневаюсь, что, например, бухгалтер в свободное от работы время может отдаваться поэтическому творчеству. Почему бы не издать сборник стихов бухгалтеров? Что можно возразить против этого? Поется же в одной из песен: «Бухгалтер, милый мой бухгалтер...».

Своеобразным мерилом родства понятий является возможность создать, по формулировке проф. *Б. Ф. Егорова*, «зеркальный перевертыш»[25] типа «Философия в поэзии и поэзия в фи-

---

[24] Одна из немногих поэтических публикаций Эрика Соловьева — поэма «Я — Журнальная статья», посвященная прохождению статей через редколлегию журнала «Вопросы философии», судьба которых решалась борением полярных и промежуточных сил: с одной стороны, неосталинистами, типа Б. С. Украинцева (на обсуждении в 1961 г. статьи основателя кибернетики Норберта Винера он задал исторический вопрос: «А кто может поручиться, что статейка эта не заслана нам Пентагоном?»), и, с другой — философскими шестидесятниками. См. «Среда», Русско-Европейское журналистское обозрение (Москва), 1996, № 9–10, с. 45–49.

[25] Б. Ф. Егоров. Эстетик, поэт и один из создателей философской ауры в Тарту (к 75-летию проф. Л. Н. Столовича) // «Академические тетради», Москва: Независимая Академия эстетики и свободных искусств, 2007, № 12, с. 122–123.

лософии» или «Наука в поэзии и поэзия в науке». Такие «зеркальные перевертыши» раскрывают новые грани в связях между явлениями и дают возможность более тесно связать между собою «оборачиваемые» понятия, образующие своеобразную симметрию.

Можно, конечно, «обернуть» бухгалтерию и поэзию, в результате чего получается «зеркальный перевертыш»: «Бухгалтерия в поэзии и поэзия в бухгалтерии». «Бухгалтерией в поэзии» можно, по-видимому, назвать создание частотных словарей поэтов или подсчет ритмических конструкций, или, шире, — то, о чем говорил пушкинский Сальери: «Поверил я алгеброй гармонию». О поэзии же в бухгалтерии могут знать только бухгалтеры. И всё же, сборники стихотворений философов, как и ученых (вспомним книгу «Музы в храме науки»), имеют особый смысл благодаря близким родственным связям философии и науки, с одной стороны, и поэзии, с другой, о чем свидетельствуют и их «зеркальные перевертыши» — «Философия в поэзии и поэзия в философии».

В «Вестнике Российского философского общества» существует специальный отдел (его ведет философ и писатель-фантаст *Александр Васильевич Кацура*), в котором публикуется стихотворное творчество философов. В «Трудах» и «Записках» различных университетов и институтов, в материалах философских и социологических конференций также порой печатались стихи философов. Так, осенью 1968 года в эстонском поселке Кяэрику на спортивной базе Тартуского университета состоялась встреча социологов на тему: «Личность и массовая коммуникация», а в 1969 году вышел сборник с материалами этой конференции: «*Kääriku — Кяэрику III*», в котором был уголок юмора со стихами философов и социологов. В 2002 г. в издательстве Саратовского университета вышла небольшая книжечка: «Аскин Яков Фомич. Творческий портрет философа». В ней, помимо записей из дневника, есть поэтический раздел «И слово щедрое взрастет...», где опубликованы стихи философа *Якова Аскина* (1926–1997). Возможно, существуют и сборники такого рода стихотворений, неизвестные пишущему эти строки.

Достойно внимания психологии философского творчества то, что среди профессиональных философов, как в прошлом, так и в нынешние дни, имеются такие люди, для которых жизненно необходимо дополнение философии поэзией. Именно *дополнение*, а не подмена философии поэзией или поэзии философией.

Поэзия, как известно, не делится на философию «без остатка», а превращение философии в полупоэзию означает утрату специфических особенностей философской мысли, превращение ее в «соотношение неопределенностей» (разумеется, не в физико-теоретическом смысле).

Конечно же, способность и потребность к художественному творчеству, в частности к поэзии, не является ни свидетельством особой собственно философской одаренности, ни, наоборот, показателем недостатка такой одаренности, своего рода «комплекса неполноценности», побуждающего компенсировать поэзией недостаток логического воображения в специально философской сфере. Платон, обладавший, несомненно, поэтическим талантом, вполне равновелик как философ Аристотелю, превосходному знатоку теории поэзии, но не замеченному в особом стремлении к поэтической практике, как и Кант или Гегель.

Многие философы пишут стихи в силу внутренней потребности в поэтическом творчестве, не стремясь к их публикации по разным причинам. В моем архиве немало стихотворных строк коллег, написанных «для себя», в том числе социолога и философа *Льва Наумовича Когана* (1923–1997). Но среди философов есть и те, что публикуют свои стихотворные произведения не только в газетах и журналах, но и в собственных сборниках[26].

Изучая миропонимание и личность философа, причастного к поэтическому и вообще художественному творчеству, нельзя игнорировать это творчество, в котором могут воплощаться как его собственно философские идеи, подчас дополняющие или даже противоречащие его идеям в ином изложении, так

---

[26] См., например, сборники стихотворений Вадима Рабиновича «В каждом дереве скрипка» (М., 1978), «Фиолетовый грач» (1988), «Двадцать один сюжет для жалейки, эха и бубенца» (М., 1995), Юрия Линника «Основа» (Петрозаводск, 1979, «Смятенье» (Петрозаводск, 1989), «Аура» (Петрозаводск, 1995), «Звездное небо» (Петрозаводск, 1995), «Иномир» (Петрозаводск, 1995), «Космос сонета» (Петрозаводск, 1995), «Храм» (Петрозаводск, 1996) и др.; Евгения Рашковского «Странное знанье» (М., 1999), «На сбивчивом языке. 101 зарисовка в пути» (М., 2005), «По белу свету» (М., 2007); Велимира Петрицкого «У времени в плену. Из пяти книг» (СПб.: 2006); Олеси Козиной «Выбор» (Ульяновск, 2000), «Формы. Выбранное» (Ульяновск, 2000), «Аз Есьмь» (Ульяновск, 2003); Леонида Столовича «Стихи и жизнь. Опыт поэтической автобиографии» (Таллинн, 2003), «Размышления: Стихи. Афоризмы. Эссе» (Tallinn — Tartu, 2007), в Интернете: http://lepo.it.da.ut.ee/~stol/Poems.htm

и личностные качества. С другой стороны, стихи талантливых поэтов философской ориентации должны включаться в контекст историко-философской мысли[27]. Что же касается включения стихов философов в историю литературы, то это поле деятельности литературоведов и литературных критиков, У них уже накоплен большой опыт отделения зерен поэзии от плевел графоманства.

Авторы и составители предложенной Вам, читатель, антологии надеются на то, что их труд расширит представление о поэтическом творчестве профессиональных философов, которые могут сказать о себе вместе с Теренцием:

«Homo sum et nihil humani a me alienum puto» —

«Я — человек, и ничто человеческое мне не чуждо»[28].

Л. Н. Столович

---

[27] Такую попытку предпринял автор этих строк в статье «Максимилиан Волошин в контексте истории русской философии (К 130-летию со дня рождения М. А. Волошина)» («Вопросы философии», 2008, № 3, с. 138–147).

[28] См. Теренций. Самоистязатель // Теренций. Комедии. — М.: «Искусство», 1988, с. 91. «В тексте фраза эта имеет иронический характер: один приятель упрекает другого в том, что он вмешивается в чужие семейные дела и занимается сплетнями, не думая о собственном доме. На это другой и возражает: homo sum etc. С течением времени первоначальный иронический смысл изречения утратился, и оно употребляется для характеристики людей с широким умственным кругозором и сильно развитым интересом к человеческой жизни во всех ее проявлениях» (http://www.wikiznanie.ru/ru-wz/index.php/Homo_sum,_hum%D0%B0ni_nihil_%D0%B0_m%D0%B5_%D0%B0li%D0%B5num_%D1%80ut%D0%BE).

Поэзия русских философов XX века

Лев Карсавин

Лев Платонович Карсавин (1882–1952) — историк религиозной мысли Средневековья, религиозный мыслитель, разрабатывающий, как и его предшественники, русский вариант *философии всеединства*. Он родился в семье замечательного артиста балета Платона Карсавина (1854–1922). Знаменитая русская балерина Тамара Карсавина (1885–1978) была сестрой историка и философа. Мать Льва Карсавина — Анна Иосифовна была дочерью двоюродного брата А. С. Хомякова и до замужества носила эту же фамилию... В жизни и трудах Карсавина как бы слились воедино художественный артистизм отца и религиозно-духовные хомяковские традиции, которые культивировала мать. Способный к тончайшим логическим рассуждениям в духе схоластики Карсавин в то же время был поэтической натурой: он писал стихи, не чуждался литературных мистификаций, написал лирико-философский трактат о любви («Noctes Petropolitanae», 1922) и «Поэму о смерти» (1931).

Л. Н. Столович

ВЕНОК СОНЕТОВ

1

Ты мой творец твоя навек судьба я.
Подъемлюся, несмело прозябая.
Терплю я зной и снежную пургу.
Бессилен я. Былинкой на лугу

Все пригнетает долу вьюга злая,
Грозится мне, клубя сырую мглу.
Но, знаю, я спасти Тебя могу,
Хотя — как Ты, творец мой: погибая.

Ведь Ты умрешь, в цветении моем
Всем став во мне, и всем — как только мною.
Тогда восстанет жизнь моя иною:

Уж умирает я мое; и в нем
Как пчелы, все кишит, себя роя,
Дабы во мне восстала жизнь твоя.

2

Дабы во мне воскресла жизнь Твоя
Живу, расту для смерти бесконечной.
Так Ты, любовный умысел тая,
Подвигнулся на жертву муки вечной.

Не ведал Ты: приять хочу ли я
Всю смерть Твою для жизни быстротечной
Постигну ль жизнь, ленивый и беспечный
Нет, Ты не знал, безмолвно кровь лия.

Воскреснешь Ты, найдя в конце начало,
Когда умру, Умершего прияв,
Начальность превзойдя. Двукрат неправ

Кто тщится вырвать вечной смерти жало.
Мудрее Ты, чем древляя змия:
Небытный. Ты живешь во мне, как я.

3

Небытный, Ты в Себе живешь как я.
Тобой я становлюсь ежемгновенно.
Что отдаю, меняясь и гния
Все было мной. А «было» неотменно.

Стремлюсь я, как поток себя струя;
И в нем над ним покоюсь неизменно.
Весь гибну — возникаю. Переменна,
Но не полна, ущербна жизнь сия.

Нет «есть» во мне, хоть есмь мое движенье.
Нет «есть» и вне — все есмь как становленье
Страшит меня незрящей ночи жуть.

Боится смерти мысль моя любая,
Бессильная предела досягнуть.
Ты свой предел — всецело погибая.

4

Свой Ты предел. — Всецело погибая,
Всевечно Ты в не сущий мрак ниспал.
Небытием Себя определяя,
Не Бытием, а Жизнию Ты стал.

Ты — жизнь-чрез-Смерть, живешь лишь умирая.
Но нет небытия. — Меня воззвал,
И я возник, и я Тебя приял,
Я, сущий мрак у врат закрытых рая.

А ты не мрак, Ты — Жертва, Ты — Любовь.
Во мне, во всем Твоя струится кровь.
Да отжену отцов своих наследство,

Тьму внешнюю (небытность ли ея)!
Тьмы внешней нет, а тьма моя лишь средство.
Во тьме кромешной быть могу ли я?

5

Могу ли в тьме кромешной быть и я?
— Мне кажется: в бездействии коснея,
Недвижного взыскуя бытия,
Себя теряю, растворяюсь в ней я.

Мне сладостны мгновенья забытья,
Когда во тьме мне зрится свет яснее.
Но где тогда: во тьме или во сне я?
Не меркнет свет во мгле бытья-житья.

Томлюся я бессилием желанья.
Своей я тьмы, себя не одолел
Воздвигнуть мню — смешное подражанье! —

Нас посреди сомнительный предел.
Но эта тьма во мне, то тьма моя.
Где мой предел, раз нет небытия?

7[1]

И тьма извне Тебя не охватила,
Не рвется в глубь Твою деля. Зане
Ни тьмы, ни света нет Тебя во мне,
Предела не имущее Светило.

---

[1] Шестой сонет в рукописи отсутствует.

Небытие Тебя не омрачило:
Поскольку умер Ты — живешь во мне.
Но не живу всегда я и вполне.
В Тебе все есть, что будет и что было.

Во мне нет «будет», «были» ж побледнели.
Измыслил я существенную тьму.
Не видную острейшему уму.

И оттого, что далеко от цели,
Противочувствий отдаюсь гурьбе.
Ты — свет всецелый. Мрака нет в Тебе.

8

Ты — свет всецелый, свет без тьмы в себе.
Всеблаго Ты, без зла малейшей тени.
Но тьма и зло бегут, как тени две
Пред светом блага и скудости лишений.

Во мраке светит Свет. Добро в резьбе
Зловещей то, что есть. В огне сомнений
Родник мы обретаем откровений,
Свою свободу — следуя судьбе.

И зло и тьма лишь Блага недостаток.
Но Блага в них таинственный начаток.
Ненасытимой свойственный алчбе.

С Тобой — страшусь, но чаю! — сочетанья.
Так двоечувствию Твое сиянье
Является в согласье и борьбе.

9

Являешься в согласье и в борьбе
Ты, Всеединый. Мощью отрицанья
Создав, влечешь до полного слиянья
Врагов, покорных творческой волшбе.

Пускай они не слышат заклинанья
Страстей своих в несмысленной гульбе.
Пускай не думают, не знают о Тебе.
Чрез них и в них Твое самопознанье.

Незнаем Ты без них и без меня.
Один Ты нам безумная стихия.
Вотще, вотще шумит логомахия

В искании первичного огня!
В разъятье тварь Тебя не истощила:
Безмерная в Тебе таится сила.

10

Безмерная в Тебе сокрыта сила
Испил Ты смерти горестный финал,
Да буду я. Собою Ты дерзал.
Не смерть в боренье этом победила.

Над бездной я, где смерть Ты, Бог, познал
Близка, страшна холодная могила.
Застывший гнусен черепа оскал.
Но мне Любовь из бездны озарила

Высокий путь в надзвездные края:
Тобой кто будет — есть, а буду — я.
Какой ценой? — На крестном ввысь столбе

Распятое Твое возносят тело.
Ждет — не дождется мук оно предела
И движется, покорное Судьбе.

11

И движется, покорствуя Судьбе,
Которая моей свободой стала,
Иманоэль со мной. Меня ни мало
Он не неволит: в сыне, не в рабе!

Колеблюсь: может, призрак на тропе
Высокой он? и лишь меня прельщало
Любви моей обманное зерцало?
Не верится ни Богу, ни себе.

Но зов Судьбы — Любовь. Судьбой одною
Нерасторжимо связан Ты со мною.
Концом Ты тьмы начало утвердил,

И стало жить в Тебе то, что не жило:
Не бывшее, Твоих исполнясь сил,
Сияет все, как в небесах светило.

12

Сияет все, как нá небе светило,
В Тебе, подобно тьме незримый Свет.
Звездами ночь Твой отсвет нам явила;
И дивен звезд мерцающий привет.

Но тьма ли ночь сама или горнило
Сокрытое? Незримостью одет
Незрящий Ты. В свечение планет
Лишь слабый отблеск солнца свой излило.

И в звездах ночи мне не сам Ты зрим,
Но Твой многоочитый серафим.
А я постичь Твою незримость чаю.

Отдав себя несущей ввысь мольбе,
Подъемляся, неясно различаю
Что́ есть и то, что может быть в Тебе.

13

И «есть» и то, что может быть, Тебе
Одно в творенья всеедином чуде.
То «может быть» не тенью в ворожбе
Скользит, но — было иль наверно будет.

Уже ль меня к бессмысленной гоньбе
За тем, что может и не быть, Тот нудит,
Кто звал меня наследовать Себе?
И мира смысл в Природе, а не в людях?

Но в смутном сне моем о том, что есть,
Искажена всего смешеньем весть.
Всего ль? — Прошедшее уже не живо.

Того, что будет, нет еще, и нет
Всего, что есть, моих в године бед.
Все — Ты один: что будет и что было.

14

Ты все один: что будет и что было
И есть всегда чрез смерть. Так отчего
В темнице я, отторжен от всего
И рабствуя, бессильный и унылый?

Мое меня хотенье устрашило
Всецело умереть. Из ничего
Не стал я сыном Бога моего.
А вечно все, что раз себя явило.

Мою свободу мукой Ты сберег,
Ты мною стал, рабом — свободный Бог.
И вновь хочу, чтобы жизнь изобличила

Моею полной смертью Змия десть
Недвижного небытность злую «есть».
«Есть» — Ты, а Ты — что «будет» и что «было».

15

Ты все один: что будет и что было,
И есть, и то, что может быть. Тебе
Сияет все, как на небе светило,
И движется покорствуя Судьбе.

Безмерная в Тебе сокрыта сила.
Являешься в согласье и борьбе
Ты, свет всецелый, свет без тьмы в себе.
И тьма извне Тебя не охватила.

Ты беспределен: нет небытия.
Могу ли в тьме кромешной быть и я?
Свой Ты предел — всецело погибая.

Небытный, Ты в Себе живешь как я.
Дабы во мне воскресла жизнь Твоя.
Ты — мой Творец, Твоя навек судьба — я.

ТЕРЦИНЫ

Ты смертию Своей Себя познал,
Себя и оконечив, Бесконечный.
Так Ты меня из ничего воззвал,

Чтоб жил в Тебе Твоей я смертью вечной.
Исполнилась Твоя Судьба: во мне
Весь Ты воскрес, и жизнию я встречной

Сгораю весь в Божественном огне.
Плирома, совершенство Ты всегда.
Своя возможность я — живет в зерне

Могучий дуб. В незримой кручи льда,
Тепла, движенья, жизни вожделея,
Искрясь на солнце, падает вода…

Бессилен я. Но немощью своею
— Ее один Ты превозмочь не в силах —
Тебя я, всемогущего, сильнее.

Ты можешь все, гниющие в могилах
Тела единым словом воскресить,
И кровь вскипит в их обновленных жилах.

В Себе Ты смог меня усовершить.
Но дорога Тебе моя свобода;
А я боюсь бессмертной смертью жить.

Как солнечного нетопырь восхода.
Нелепое мое свершив желанье
Без полной смерти жить себе в угоду,

Своим мое Ты сделал прозябанье
Несбыточных стремлений сонм гнетущий,
Ты — не смерть, но вечное страданье. —

Геенной Эден, Твой сад цветущий,
Где феникс пел, бродил единорог,
Где, затаясь в глуби дремотной пущи,

Змий кольца вил, вещая перстным рок…
Но не было еще земного рая.
В себе вместить я Божества не мог.

И я живу, вполне не умирая,
И в умирании не становлюся всем.
Уже ли, мной безжалостно играя,

Блаженен Ты бесстрастным бытием?
И тщетны все мои мольбы и пени?
Иль Ты ослеп, или оглох, иль нем?

Не видит солнце брошенной им тени;
Мы ж видим в тени только солнца свет.
Так, может быть, и наших всех мучений

Нет в Боге? — Их тогда и вовсе нет.
А есть они! Горит моя измена:
Уклончивый на Твой призыв ответ.

Твоя лишь жизнь полна. И в ней времена
Не ворожит небытной пустоты.
Она кипит. А жизнь моя — как пена.

У проводимой смертию черты.
Ущербна эта жизнь. И не отрада
Утехи шумной лживой суеты.

Мы все живем в объятьях душных Ада.
В ночи ж ползут, колебля тишину,
К нам щупальцы встревоженного гада.

Лишь воплощает Ад мою вину.
Без адских мук ее и быть не может.
Себя я в них, ее в себе кляну. —

Жжет огнь меня и червь голодный гложет…
Любовь ли эту муку уничтожит?

* * *

Одно — Любовь и вечной Смерти мука.
Любя, Ты сжался в точку. А она,
Как говорит и точная наука —

Идея, мысль, небытию равна.
Разверзлась бездна тьмы, которой тоже
Быть не могло, пока Любви волна

Не излилась в безо́бразное ложе,
Пока собой не озарил
Зиждительный, всецелый свет Твой, Боже.

Безмерно мир, меня Ты возлюбил
Еще не сущего — Любовь всесильна.
Но ведь Тебе, свободному, не мил

Ленивый раб, с улыбкою умильной,
С душой предателя, лукавый льстец,
Довольный милостью Твоей обильной.

Свободного Ты звал и ждал, Творец,
И равного Тебе во всем. Свободный
— Так мыслил Ты, Божественный Хитрец, —

Возникнуть может только в тьме бесплодной,
Чтобы в ответ на творческий Твой клик
Тобою стать как Сын Единородный.

Из бездны звал меня Ты. Я возник
И ринулся к Тебе. Так был прекрасен
Страданием Любви Твой светлый лик;

И взор Твой так торжественен и ясен.
Но ужас смертный влек меня назад
И — Твой призыв звучал во мне напрасен.

В Твоих страданий чаше капля — Ад.
Страдаешь мукой Ты всего живого.
Огнем сжигаем, на дыбе разъят,

В слезах ребенка Ты, в агонии больного.
Навек распятое я видел тело
Отцом Своим оставленного Бога.

Тобою быть? — Душа оцепенела
Пред мукой смертной. Все ж она упорно
К Тебе стремилась… мыслию несмелой.

Едва сиял ей свет Твой животворный.
Она сжималась в тьме своей исходной
Почти недвижна, косности покорна.

Землею став безвидной и холодной.
Как очи Божьи, звезды молча звали
Ее к себе из бездны той безродной.

И, чародейственной полна печали,
Влекла луна. И солнце озаряло
Твоих путей возвышенные дали.

И все она Твой образ вспоминала
И первый свой порыв, томясь тягучей
Тоскою без конца и без начала.

Медлительно ползли по небу тучи.
Весь окоем зловеще застилая.
Раскаянье пронзало болью жгучей;

И, волосы седые развевая,
Те тучи горько плакали. Под ними
Не воронов испуганные стаи.

Носились бесы, крыльями своими
Шумя, как ветер, хохоча злорадно,
Когда, блеснув, Твое скрывалось Имя.

Но глуму их душа внимала жадно,
В сомненьи утвердив свое безволье. —
Светил ли день творения отрадный

Над скудной, жалкою земной юдолью?
И образ Твой, на миг лишь осиянный,
Не создан ли невыносимой болью?

Покой не тьма ли вечная желанный?
Унынием рожденная Нирвана
Небытия ль покой иль Несказанный?

Не так же ли горé сквозь мглу тумана
Мир ангелов мне зрится наднебесный
И слышится ликующих осанна?

Ведь горний мир, бескровный, бестелесный,
Не плод ли он того ж самообмана,
Что Будды, сына Майи, Хинаяна?

* *
 *

В сомнении коснею у порога
Небытия (— начала и конца). —
Нет без меня познанья, нет и Бога:

Без Твари быть не может и Творца,
Как быть не может твари совершенной
Без Твоего тернового венца.

Но нет меня без этой жизни бренной,
Без адских мук, без неба и земли,
Без разделенной злобою вселенной,

Без мерзких гадов и ничтожной тли.
Твоя Любовь меня усовершила
В себе. Но разве мы с Тобой могли

Забыть, не бывши сделать то, что было?
Свободно я приять не восхотел
Всего, что мне Любовь Твоя сулила. —

Низринул Ты взнесенный мной предел:
Оживши меня, мою геенну
Моим же бытием преодолел.

И, тлену рабствуя, противлюсь тлену,
И нехотя хочу Тобою стать,
Изменчивый, кляну свою измену.

В Тебе мой грех — одно страданье: ждать.
Не захочу ли я, Твое творенье,
Всего себя в других Тебе отдать.

Восполнил Ты и тварного хотенья
Неполноту. — Ты любишь и могуч.
Мое раскаянье — Богоявленье;

Вина моя — Любви победный луч.
Так, высохшее поле оживляя,
Из просиянных солнцем черных туч

Дождь падает, как радуга блистая.
Минувший я (уже не «я», но «он»)
Бессмертьем умиранья изживаю

Личину тьмы — незыблемый закон,
Чтобы от этой жизни и позора
Тобою был чрез Смерть я воскрешен.

Умолкла Божья дщерь святая Тора.
Еще одна торжественно царит
В холодном свете звездного убора

Над миром вожделений и обид.
Покорны ей безумная Природа
И весь людей звереобразных вид.

Но нас над ними вознесла Свобода.
Явил ее позднее Божий Сын,
Чем началось движенье небосвода.

Но Он с Отцом Своим и Бог один,
И в вечности, объемлющей все время,
Всевременен Их творческий почин.

А с Ними мы, Богорожденных племя,
Себя, как мир, сознательно творим,
Закона ветхого свергая бремя.

Себя творю я. И каким иным
Путем свободный мог быть сотворен я
И вместе с Богом стать Христом одним?

Через вину и Смерть Тобой рожденный,
Я в светлый мир Твой претворяю тьму;
И никому в созданий бездне сонной

Не подчинен Тобой и ничему.
Несокрушима ль власть законов мира,
Иль данность, непонятная уму,

Власть им себе творимого кумира?
Закон — Твоих созданий стройный лад,
В них только и живой. Так струны лиры

Единою мелодию звучат.
Но немощию тварного познанья
Закон в недвижный знак закона сжат.

Не точка ли начало мирозданья? —
Тот знак невидный, точка. — Дао, путь
Не бытие, а бытия исканье.

Не в горнем царстве духов мира суть,
Но в нас она, во всех явленьях Сына,
Препобеждающих Нирваной Смерти жуть.

Творенья Человек всего причина.
В нем всею тварью стало Божество.
Он тварного распределяет чина

По времени и месту вещество.
В нем на земле как личность осознало
Себя на миг единый естество.

Но в миге том с концом сошлось начало.
Незрим, неведом перстный нам Адам,
И нет его. Лишь тусклое зерцало

Преданий лик не бывший кажет нам.
Небесного Адама жизни жаждой
Томимся мы в познаньи мысли каждой.

Твое познание и мысль и воля
И дело их — весь мир Тобой творимый.
Иная тварного познанья доля. —

Твой светлый мир к себе необоримо
Влечет, во всем таясь, всегда желанный,
Как сыну блудному приют родимый.

В тоске к нему стремлюся неустанно,
Но… только мыслью, немощной мечтою.
И он горе́ предносится, туманный,

Покоящий нездешней красотою.
Но в мире горнем не находят взоры
Ни жертвы крестной, ни любви. Он тою

Бла́жен мнимой жизнью без раздора,
Без перемен, без личного сознанья,
Который ангелов бесплотных хоры

Отображают наши упованья…
Нет! На земле Бог жив во всякой твари,
Через земное жив вполне страданье.

Вины сознанье — Божий свет; и в каре
Бог сострадает с нами. В этой жизни —
Чудесном, вечно новом Божьем даре —

Не о гадательной души отчизне
Мы думаем, но душу нашу злую
Мы отвергаем с горькой укоризной.

Не тело, не Природу, всякую живую
В своем неистощимом обновленьи.
И мыслью в ней, во всем, что есть, живу я.

Причаствую из ничего творенью.
Но — только мыслию, в ночи бессветной
Безволье превращающей в сомненье

* * *

Чрез совершенную едины Смерть
Движенье и покой, земля и твердь.

* * *

С Тобой в Тебе из точки неприметной,
Небытной точки, в мрак небытия
Стихиею могучей, беззаветно,

Ликуя и лучась, извергся я.
Я в Боге, как вселенная, возник,
И Божия, и столько же моя.

То был рождения в твореньи миг,
Собравшая себя в том миге вечность.
Где Бог меня и Бога я постиг

Как Жизнь-чрез-Смерть, покоя быстротечность.
Подвигнувшись, предстала постижима
Конечностию наша бесконечность.

Стремительным полетом серафима
Неслись мои лучи, пронзая мрак.
И каждый претворял меня в палимый

Любовью новый творчества очаг.
Как Феникс я из пепла воскресал.
И были твердь, земля и всякий злак

И всякий зверь; и агнца я терзал;
И кровь моя сочилася из раны
(В луче моем алея, как коралл)

Птенцов питающего пеликана.
Все было мною, тварями я всеми
В круговороте этой жизни пьяной.

И было сразу дерево и семя.
Ведь во мгновеньи было все любом
Мгновенья все рождающее время.

Пространство, мир деля своим мечом,
Круговоротом тем увлечено,
Слилося в средоточии одном

И было всюду и нигде оно.
Несовершенному, в одном прошедшем
Познать мое ж мне творчество дано

В свою всевременность меня возведшим.
Как прошлое, как мертвость постигаю
И то, что будет, я воззреньем вещим.

Мудрейшему из мудрецов Китая
Приснилось раз, что он как мотылек
Пьет сладкий сок цветов, в саду порхая.

Проснувшися, мудрец решить не мог:
Ему ли снился быстролетный сон
Иль мотылька уснувшего умок

Воображает, будто он
Мохнатый мотылек, живет как славный
Философ и китайцами почтен.

Мгновенье времени всему соравно.
В мгновеньи настоящего бегущем
Чрез множество свое единство явно.

Тот миг живет прошедшим и грядущим
В единстве их (не в точке отвлеченной,
Не в мертвом знаке, карою лишь сущем)

В глуби его, от взгляда утаенной
Застлавшею ее всего борьбою,
Мир совершенен, с Богом срастворенный,

Свободу сочетающий с Судьбою.
Я как тот мир стихиен, но свободен:
Границ нигде не вижу пред собою;

Мой беспределен путь, как путь Господень.
Я раскрываюся в себе самом,
Я всякому творению исподень

И весь живу и умираю в нем.
Оно же все всегда везде во мне.
Так все и я, а мною все во всем.

Яснеет это в своенравном сне,
Предметов всех смыкающих границы,
Рекой текущей от волны к волне.

Во сне я сам, и я, и зверь, и птица,
И ветер, и волна… Нужны ль примеры
Того, как миру всеединство снится,

Крылами застилаемо Химеры?
Оно, делясь, себя и единит.
Во множестве порядок свой и мера.

Обманчивый, являющие вид
Законов-знаков, мысленных обид.

* * *

В тебе, с Тобой единый, без помех,
Единства нашего не отделяя
От множества, закон в его я всех

Явленьях как себя осуществляю.
Но, от Тебя, Единый, и далек,
Всем миром стал, разъединив себя я.

В его я всякой части одинок,
Не узнаю себя в частях иных,
В иных существах. Непонятный рок

Порабощающий встречаю в них,
Непостижимую закона данность,
В которой шум движения утих,

Как всеединой воли несказанность.
Подъемлет волны всех моих желаний
Покоя нерушимого желанность.

Сжимаюся в мучительном исканьи
Блаженной неизменности своей,
Ни смерти недоступной, ни страданью.

Но нет ее! И — словно мир теней
Плывет, скользит существ иных черед.
В жилище смерти милую Орфей

Бродя, стеная ищет и зовет.
На миг один, как гаснущее пламя,
Тень ожила пред ним, замедлив лет,

И — ловит мрак он хладными руками.
Так ищем «душу» мы, гонясь за тенью
Которой нет, ни в нас нет, ни над нами.

Живем движеньем, но предел движенью
Поставить тщимся и — себя сжимаем
В небытной точке вместо расширенья.

Мы тешимся «жилищем духов», раем,
Не видя солнца ясного восхода.
Но где тот рай, когда себя теряем?

Неся свои бушующие воды,
Всех поглощает жизни нас поток.
Но гибель та — рождение Свободы:

Свободой в ней становится наш рок.
Превозмогаю смертью я своей,
Как Ты, живой всецелой Смертью Бог,

Себя и мир, и — тысячи огней
Из мрака, из небытной точки той
Стремятся сновидения быстрей.

Как светлый мир я воскресаю Твой
Не только прежний я, жилец острожный,
Не тень моя, не призрак неживой,

Не только этот мир мой, непреложный
В своей закономерности унылой,
В своих стремленьях хищный и ничтожный

Я восстаю из тьмы Твоею силой
Не рабствуя мечтать — всецело жить
И все, что будет, может быть и было

До полноты Твоей осуществить.
Страдаю я неполноты виною.
(Иначе не могло бы мира быть

Ущербного). Одето пеленою
Неведенья мое же совершенство.
Но я живу и жизнию иною,

Сгорающей в огне Богоприемства,
Как свет Твой, вечной мука быть должна
В неизреченной радости блаженства.

Да будет мысль Твоя воплощена
В едином мире смертию моею.
Вдали мне полнота Твоя видна,

Тот мир, обетованный Моисею.
Лишь смертной жертвой тварь Тебе сродна:
Лишь в ней она Тобою рождена.

* * *

Свирепствует убийственный Раздор.
Но, жизнь губя, Смерть жизнь иную сеет
И свой чертит таинственный узор,

Да будет все во всем, чтоб в Сыне
Явил Отца творений стройных хор.
Но только «будет» мир таким. А «ныне» —

Особностью своей храня себя,
Тварь хочет каждая в своей личине
Всем миром быть, иную тварь губя,

Стремясь ее особость одолеть.
Несовершенный, часть Твою любя,
Могу ли совершенно умереть?

* * *

Влечет, грозя, Судьба. То песня Шивы,
Бессловная магическая речь,
И пляс его, и рук его извивы,

Подобные движеньям жутким змей.
Все гибнет, все иною смертью живо
Кружась кольцом мерцающих огней.

Дурная бесконечность умиранья,
Взаимоистребленье тварей в ней,
Ни жизнь — ни смерть, но вечное страданье

(Земная смерть, мучительный надрыв,
Не обрывает нити прозябанья).
Таков мой рок. В ответ на Твой призыв

Его своей я волею свободной
Уже признал, с Твоею волей слив.
Терзает агнца лев голодный,

Но агнцем смерти пройдена черта,
Всецелой Смерти, жертвы сверхприродной:
Дабы иная тварь была сыта,

Себя он отдал ей без сожаленья.
Так жизнь Тебе твореньем отнята.
Так мир Твоим оправдан воплощеньем;

Так всем становится, хоть не вполне,
Несовершенно всякое творенье.
Томишься вечно Ты Себя вовне,

Нисшел во Ад и умереть не в силе,
Пока Твоей Плиромы свет во мне
Не воссиял,творя, пока в могиле

Тебя воскресшего я не воззвал
И смертию всецелой не познал.

Павел Флоренский

Выдающимся представителем софиологии в России после Вл. Соловьева был *Павел Александрович Флоренский* (1882–1937), оказавший влияние на софиологические взгляды С. Н. Булгакова. Флоренский был богословом и философом, математиком и поэтом, лингвистом и исскуствоведом, священником и инженером-изобретателем. Его называли «русским Леонардо да Винчи» и «русским Фаустом».

Религиозно-философские воззрения Флоренского уже его современников поражали (одних восхищали, а других приводили в негодование) сочетанием архаичности и новизны, даже «авангардизма», соединением, казалось, несоединимого — консервативной религиозной веры и ведущих отраслей научного знания, особенно в области математики, священнического сана и практической деятельности ученого, инженера и изобретателя. Флоренский являл собой антиномичность истины.

Л. Н. Столович

Стихи о. Павла публикуются по изданию П. Флоренский, *В вечной лазури. Сборник стихов*, Сергиев Посад, 1907.

ДВА ЗАВЕТА

(Диптих)

I. Авраам Ицхаку

О, дай мне обвить твои узкие плечи,
    в глаза ясно-взорые дай заглянуть —
о Жертве грядущей, как жертве-предтече,
    с покорством безмолвным вздохнуть.

Послушай, послушай, мой сын, мой желанный:
    тебя я просил столько лет,
что слезы иссякли, от Господа данный, —
    что слез на глазах моих нет.

Во сне и в завете ты Божьем являлся,
    Ицхаком с небес наречен.
Ицхак… Снежной грустью всегда улыбался,
    как будто предвидя, на что обречен.

Вот с верной голубкою, с милою Саррой
    Доплачу я долгий свой век.
Тебя разлучил я, — ах! — с матерью старой,
    с груди ее смех я отсек.

Ты — тихий, ты — кроткий: — за вздох расставанья
    меня не осудишь, Ицхак.
Ночами пустыни, в такт мерных качаний
    верблюда, я ждал тебя, — так,

как сына, как брата, как друга ждут; верно
    тебя, и не зная, любил.
Сын милый! живи! не в тебе ли безмерный
    Ягвѐ род родов посулил.

С той по́ры, средь тучной как Ура равнины
    открылся Ягве Элогим,
я бросил свой дом, — был я верен доныне
    и думал, что Элем любим.

О нет, не ропщу я. Пред Богом смиряюсь:
    не нам вести: зрячих — слепым.
Он — свят, он — Господь… Сын!.. Ему покоряюсь
    ведет пусть уставом своим.

II. Beethoveniana

В безднах темных пространства затерянный крик:
    «Наш Отец!.. О, Родной!..
        «мы — одни!»…

И растерянно-бледный глядит скорбный Лик
    Пред всемирной стеной
        те же огни.

Растянувшийся в веки безотзвучный миг
    вихри рвут с сединой.

Многолетнею скорбью объятый, на зов
    Он молчит.
И над сонмом пустынных и мертвых миров
Он беззвучных и грустных струи жемчугов
    с вечной скорбью точит.

Чрез созвездья мигающих в бездне миров
    стон несется без слов —
стон к Родному: «Отец, ей гряди!»,

С горшим стоном доносится голос Отцов:
    «подожди!..
    «О, мой сын. О, мой сын. Я тоскую и плачу давно.

«Тебя жду Я века.
«Все по прежнему сына люблю Я равно.
«Пожалей же Меня, Старика».

ААРОН МОИСЕЮ

Ты говорил, — но мы не понимали
    Твоей мучительной тоски.
Ты нам творил... Вдруг под горой скрижали
    разбил в куски.

И ясный лик, как солнце излучавший
    весной лучи,
потух в тот миг, и вылил ты из чаши
    нам Божий гнев. Огнистые мечи

в очах блеснули. Ярость обличенья
    ты в нас швырнул бестрепетной рукой
и, сам не свой, дрожа от вдохновенья,
    ушел на кряж, — высокий кряж родной.

НАЗОРЕЙ

Пред Тобой не поставлю свечи,
    не возжгу я лампад.
Злато-тканной узорной парчи
    не одену наряд.

Облеченный в мерцающий лен
    сам хочу пламенеть.
И Тобой, Свет и Пламя, зажжен
    бледным воском сгореть.

ДВЕ НОЧИ

I. Поздняя осень (У окна)

Вновь, пред Тобой простираясь, ломаю я руки;
с горькой полынью в устах исповедаю вновь отреченье.
Вновь припадаю к доскам, чтоб опять удушить свои муки —
        взлетов бескрылых стремленье.
Господи, Господи! видишь Твоим быть хочу я.
Господи сладкий! я холодом горьким отчаянья вею…
Дождь застучал… Ветер рвется листами окошки бичуя.
        Вновь я любить не умею…

О, Христе, посети же! Хочу ведь хотеть, но без силы
тщетно я рвусь из себя… Лишь звенящею медью стенает
сердце пустое… Скрипят дерева… А вихрь, — налетая —
                              с могилы
        стоны ветвей заглушает.

II. Весна (Над Москвой-рекой)

Сладкой тоской изнывая, стою над рекой и не знаю,
что, в эту ночь оживаю, иль в Вечную Жизнь умираю.

Странно внутри так звенит… Или храма то отзвук несется
плавно-широкой волною, иль новая сила дается?

Сердце от радости плачет, — рыдает облившись слезами;
прыгают теплые струи, вздымаяся бьются крылами.

Знаю одно, что люблю. Но, любовью своей умиренный,
выразить то не смогу, нету слов выдать бред полу-сонный.

Вдаль светляков золотистых уходят дрожащие гряды.
Плачут над черной водою и плачу светлому рады.

Шум экипажей затих, смиряясь пред грустным мерцаньем.
Полный порывом я жду, замираю пред близким свиданьем.

КОСТРОМСКАЯ СТОРОНА

Деды отшедшие! — деды священно-служители!
тесной толпой шегутятся богов ваших образы,
нитью серебрянно-звонкою тянете вглубь, к тайнодействиям.

Слышатся гимны священные. Клубами ладана
с синими лентами тянется дымное кружево.
Отзвуки службы идут торжествующе-праздничной.
В шепоте листьев — бряцанья кандил огне-пышащих.
Свешник сияет янтарных свечей хороводами;
ветра дыханье пройдет, — и закапают слезы восковые,
    волны доносятся духа медвяного.

Вспомнить стараюсь я, деды, моленья печали и радости,
вспомнить хочу шелест свитков и речи священные,
вспомнить напрасно влекусь я слова боговещие,
    временем стертые.

Тщетно усилие, деды. В какие-то дали безбрежные
тщетно, тоскуя, стремлюсь; ноет сердце тоской
                                беспредметною.
Тщетно вы маните в рощи, в дубравы дубовые
Ветер напрасно колышет брадами зелеными, старыми.

ЗВЕЗДНАЯ ДРУЖБА

(Сюита)

I. На мотив из Платона

Душа себя найти желает.
Томится по себе самой.
Тоскливо по себе вздыхает
и плачет в горести немой.

Дрожащий в тусклых очертаньях
пред ней витает мир идей,
и Эрос, — мощный чародей, —
Душой во сне или в мечтаньях

в какой-то миг овладевает.
Душа томится и рыдает.

И вот, почудилось, что снова
Душа-близнец ей найдена.
Полет в Эфир свершать готова
на белых крыльях не одна.

Но сон проходит, и тоскливо
она взирает вкруг, стеня.
И шепчет страстно-сиротливо
«найди меня, найди меня»…

II. У окна

(За окном — деревья, осыпанные снегом)

— Гляди-тко, родимый. Гляди-тко: в цвету
    за окнами вишни белеют,
и ветром весенним — смотри! — на лету
    несет лепестки их и веет!

— «Ах, нет, ты ошиблась, — то ветер свистит
    «метельный и мертвенно-бледный.
«Прохожий замерзший — вон видишь? — спешит
    «и дышет на уст индевелый».

— Мой Брат! О, мой милый! пахнуло теплом.
    Послушай:…гудят колокольни.
В истоме все в сладкой за этим стеклом.
    Пойдем же к истоме безбольной!

— «Там нет лепестков: так куда ж я пойду:

«По савану? В снежные хлопья?
«Там ветви стенают в холодном бреду
    и тянутся к небу, как копья».

— Не саван! Нет, это — венчальный убор.
    Дрожит мое сердце: Он близко…
Спешит Он… мелькает сквозь старый забор.
    Вон, снова мелькнул, — ты вглядись-ка.

— «Я вижу наш скучный, гнилой частокол.
    «Он в дали беззвучной кривится».
— Во двор входит!.. Вот, уж во двор Он вошел.
    Я чую шаги… Он стучится!..

III. Два рыцаря

Мы на время забудем проклятья.
Поцелуем друг друга в уста мы
и, обнявшись крепко, как братья,
сломим копья с тобою в честь Дамы.

Дни и годы сурово сражались…
Жестоки были честные сечи.
Мы, всплакнув, за оружие брались
после кроткой и ласковой встречи.

Солнце алое — помнишь? — взглянуло
грустным вечером в купах янтарных.
Вспоминаешь ли, Брат, как тонуло
и зарделось меж тучек пожарных?

Ты ли плачешь, Друг с милой улыбкой,
как тоскуя заплакал тогда ты:
Лист осинника стаивал зыбкой
и смолою закапал на латы.

Оба правы… и оба несчастны…
Наши нити сплели злые Норны.
Лист кружил. Взор туманился ясный.
Наполнялся слезой необорной.

IV. Свидание «там»

А, старый Товарищ! Давно не видались,
давно уж с тобой в поединке не дрались.

Ты помнишь ли наши взаимные раны?
Садись, раздевайся. Вот, чаю стаканы.

Ну что, на дворе, видно, хуже и хуже?
Гляди, весь в звездах ты. Согрейся со стужи.

Твоя борода индевеет от снега.
Садись, тут охватит прятная нега.

Вот, жидким топазом здесь ром золотится.
и огненным глазом полено искрится.

За окнами свищут нагайки злой вьюги,
но мы — у камина, мы — будто на юге.

А помнишь ли? Розно мы шли по дороге
и вызовом грозно трубили мы в роги.

То осенью было. Листов багряница
носилась по ветру, как поздняя птица.

Потом наступили сырые туманы,
и мы наносили взаимные раны…

Давай твой стакан мне, — налью еще чаю.
А знаешь ли, Друг, по тебе я скучаю,

с тех пор как расстался на поле с тобою
и снежно-пустыною брел пеленою…

. . . .

Как злится-то вьюга! Чего она хочет?
Сама над собою бессильно хохочет.

Святая настанет: вот близко уж время.
Из гроба восстанет Жених и все бремя

нам сделает легким, и радостно вскоре
раскроются крылья в лазурном просторе.

ЗВЕЗДЕ УТРЕННЕЙ

Богородица ясная,
не оставь, помоги.
Жизнь мятется ненастная,
обступили враги.

Розвым облачком, Нежная,
Ты в лазури скользишь, —
жду в тревоге мятежный я,
жду от мира. Дай тишь!

Пронизается алостью
далей синяя муть.
Вновь Нечаянной Радостью
не зардеется ль грудь?

* * *

Мариам ясно-взорая,
тихим оком взгляни.
Ты — Помощница скорая,
Ты засветишь огни.

Ведь в потьмах бегу тропкою
ядовитых зарниц.
И с надеждою робкою
не поднять мне ресниц.

Волоса золоченные
обвивают Звезду:
через слезы соленые
вдаль смотрю и бреду.

IN PACE

(Акафист)

1-ый лик

Радуйся, Дева, Царица Небесная,
Богоневеста, во век неневестная.
Радуйся, стройная и безмятежная
    Лилия снежная.

2-ой лик

Ты лишь одна, в чистоте неизменная,
жизни явила нам Семя нетленное,
    грех победившее.
С Сыном прошла Ты креста все страдания,
    Нас искупившие.
Им же числа нет и нету названия.

1-ый лик

«Радуйся, Зорька Светила Предвечного,
Роза пурпурная рая!» —
Дитятко, Деве навстречу, беспечное
Крикнуло, в чреве играя.

2-ой лик

С горных вершин дуновеньем живительным
страсти жестокой смири треволнение, —
    страсти горение.
Свежей прохладой овей очистительной.
    Благоприятное
Слово свое нам скажи, Благодатная.

1-ый лик

Слово Предвечное в чреве носившая,
и несказанное нам рассказавшая,
радуйся, Кроткая, радугой ставшая,
Слово явившая.

2-ой лик

Хищница Смерть, с крылом черным, когтистая,
жертву за жертвой уносит безжалостно,
    неумолимая.
Ты лишь одна, Богородица чистая,
    Духом любимая,
Смерть победила рожденьем нетягостным.

1-ый лик

О, помоги, Слово Божье вместившая,
муки надежды на землю низведшая,
выходы сладким рыданьям нашедшая,
  их отворившая.

2-ой лик

С лязгом железным от крыльев стенающих
Хищница каркает нам среди радости
  гостьей зловещею, —
с жертвой исчезнет в провалах зияющих,
  в бездне чернеющей.
Ты же, Лазурь, упокой деву в сладости.

1-ый лик

Радуйся, Лань, Мариам умиренная,
с тихой улыбкою долу склоненная
облачком взметанным, с неба лазурного,
  вечно безбурного.

2-ой лик

Дева Всевышняя, Мать кротко-взорая,
в жгучей пыли мы бредем утомленные
  и опаленные.

1-ый лик

Ты одна злобных лучей отгоняешь рой,
  Помощь нам скорая.
В честный нас свой омофор, Мариам, укрой.

2-ой лик

Все мы — как узник, весною волнуемой,
бьемся о стены, смертельно тоскуем мы,
стонем бессильные.

1-ый лик

Вырви тлетворные Смерти посевы,
    севы могильные,
Сыне безгрешный, единственный Девы!

2-ой лик

Зноем и шумом томит жизнь безбожная,
правда с неправдой кружат многосложные
    вихрями пыльными.

1-ый лик

Тихая, Тихая, дай умирение!..
    В сердце обильными
струями влей благодать разумения…

Оба лика

Радуйся, радостью нашею ставшая,
Кротко гордыни смирять не уставшая.

    Радуйся, Дева, Царица Небесная,
    Богоневеста во век неневестная!
    Радуйся, радуйся, Богом избранная,
        Им осиянная!

НА ВЫСОТАХ
(Песнь восхождения)

I

Идем без дороги
    выше и выше —
      все тише.
Гнутся усталые ноги.
Воздух все реже,
    и пьяно качаясь
      кружится мир, накреняясь.

Скалы все те же...
    Порывы
      радости жуткой
        напрасны.
Камень, срываясь, катится гулкой
    в обрывы.
    Прекрасны
      каменно-льдистые,
      холодно-чистые
        кряжи и скалы.
Грохочут порою каменьев обвалы —
    лавины.

Мы здесь одиноки,
а красные сосны родные и ели — с седой бородой исполины —
    далеки,
и нету живого средь скал.
    Зловеще-пронзительно, резко вдруг хищник
      пернатый внизу прокричал.

Сине-зеленая пропасть разверзнула зев.
    Фисташко-зеленых
      и серых и желтых
        всюду покров
          лишаев.

А в черной лазури
 окно в Бесконечность.
Без бури
 золота льется
  в окошко
   колонна, —
    то Вечность —
    Мадонна —
    нам за окошком
     смеется.
Несутся порывы
 тумана —
  седого,
  сырого
  обмана —
и застят нам солнце.
Как пыль на червонце
 нависла завеса.
«Не верьте,
 не верьте
 обману:
 то, — знаю —
 проделки нечистого беса.
И видя, не видьте тумана!…» —
 взываю.

И лишь прокричал, как раскрылся туман.
Колышется в бездне седой Океан.

Грядой подымается выя…
 Белея на солнце играет
  и волны сырые
   на Вечность хаосом вздымает
    туманное море,
и, ветру внезапному вторя,
 сгибаяся плещет.
 и дымные клочья бросает
 и мутностью плещет.

Стремимся
 мы выше, все выше.

Уж тише
．．．．порывы тумана,
．．．．．．．и мы не боимся.
Вот рана
в груди у Хаоса коварной
．．．．зияет,
．．．．．．и он умирает,
копьем лучезарно —
．．．．．．．．шафранным
．．．．．．．．．пронзенный.
．．．．Ликуя

и бранным
задором тогда упоенный
над бездной
．．．．склонился,
．．．．．забылся
．．．．．．и Хаосу дерзко кричу я.

Вот... Вот, как-то боком,
．．．．к скале прижимаясь,
．．．．．．из пара
ползет к ногам локон,
．．．．свиваясь
．．．．．．．．от жара.
И, весь холодея, взываю:
．．．．«Все, — все обещаю!..»
Но тает белеющий савана клок
．．．．у ног.

II

Пробрались!
Внизу, злобой полны,
．．．．молочные волны,
．．．．．．．как спины,
．．．．．．горбами
．．．．．．．．．вздымались.

Но стрелы
   лучистые
      смело
над нами
 в долины
    помчались,
   взрыхляя
  туманы; волнистые
   ватные хлопья
    срывая.

И саван поплыл лоскутами
    куда-то,
    куда-то
  в безвестность.
Обрывками полна пред нами
    окрестность.

И мутных фигур вереницы
    из дыма,
      как птицы,
на юг улетают
   и, лик херувима
    порой принимая
     и тая,
      кивают

Нас ласково-лживою манит
    улыбкой
     чуть-зыбкой
процессия духов туманных;
   колена склоняя
     наверх руки тянет,
      молитв для обманных
       слогая...
Вот зерен жемчужных,
    попарно
пронзенных лучом золотистым,
    на высях янтарно —
     воздушных
      монисты!

Идут, все идут.
   О, сколько!
Проносятся плавно — по рекам воздушным плывут.
      Уж только
  с улыбкою жалко-позорной
      прощально кивают
       и в светлости тают…
   Покорно
смиряясь пред Вечностью.

    Ее отражают —
      сверкают
    Ее бесконечностью…

Любви победило
    лучами
и брызнуло ярко
    Светило
    над нами,
и кровию жаркой
    утес оросился —
      смягчился.

Вот снята перчатка —
    покровы,
    и новый
  нам мир выступает.
      Касатка
     летает.
  И мирно —
    сапфирно
   синеют
   нам дали.
  Поля янтареют
      азалий…

1904

ОТРЫВОК ИЗ ГИМНА

1-й лик

Чашу хрустальную мира священного
    мы раздробили в куски.
Миро пролили мы, нет незабвенного,
    им напоили пески.

Голос

Душа к Тебе, мой Бог, стремится,
    как жаждет лань потока вод.
И по Тебе моц дух томится,
    но забывает средь невзгод.

2-й лик

Чашу прекрасную мира священного
    мы раздробили в куски.
Братья, рыдайте! Нет мира нетленного.
Все погубили мы,
    миро пролили мы,
        им напоили пески.

ЭПИТАФИЯ НЕЗНАКОМОЙ ДЕВОЧКЕ

Нежной рукою до полдня сорвали бутон ароматный,
снежность не дав запылить знойному ветру с пути.
Жизни тебя суетной не запачкать, родимая дочка,
и непорочной взяла Скорбная Матерь от нас.

AMOR FATI

День и ночь проходят ровной
чередой, а ты не видишь,
как безмолвно я страдаю
и не жалуюсь ничуть.

Было время: я подняться
думал вверх струей фонтанной.
Но, поднявшись до вершины,
низвергался с высоты.

Я сказать тебе не смею
(да и чем ты мне поможешь?)
и, томяся неисцельно,
я стараюсь хоть заснуть.

И душа полна тоскою
(не понять тебе усопших!),
смерть повила взор печальный —
черным крепом мне глаза.

Близка гибель, — Бог далече,
и Ему душой молиться
я не смею, я не в силах,
и молчу, потупя взор.

Ты же, кроткий, агнец Божий,
помолись хоть ты, коль можешь,
помолись в смиреньи чистом
за томящихся душой.

SOL INVICTUM

Как пышное солнце,
пылая, клонится к закату,
так сердце смеется,
уставшее, милому Брату.

И рдеют кораллы —
тяжелые гроздья рябины.
Парчевые ризы и лолы,
и пурпур священной осины.

Восторг увяданья!
А встреча с любимым так близко —
с уснувшим настало свиданье,
и солнце багряное низко.

Устали, одни мы.
Вздыхаем, как дышет осока.
Мы — ветром гонимы,
ты, ясный, — в лазури, далеко.

Но радость цветами
к душе возвращает дни мая,
порхающим листьям над нами
    внимая.

Сгибаясь шумят одиноко
тростник да осока.

«Ты что шелестишь так несмело,
«тростник водопелый?»

— «О люди, поверьте:
    «Нет смерти!»

Алексей Лосев

Удивительный феномен Лосева... приковывал к себе внимание еще при жизни ученого и философа. Его книги, издававшиеся с 60-х гг. большими тиражами, быстро становились библиографической редкостью. С 1944 г. и до конца своих дней он был рядовым профессором Московского государственного педагогического института им. В. И. Ленина.

Перед девяностолетним юбилеем здравствующего классического философа в 1983 г. был задержан выпуск в свет тиража его книги «Вл. Соловьев». Но уже к столетию Лосева в Московском государственном университете им. М. В. Ломоносова с 18 по 23 октября 1993 г. под эгидой ЮНЕСКО прошла международная конференция «А. Ф. Лосев: философия, филология, культура».

Выдающийся русский ученый и философ *Алексей Федорович Лосев* (1893–1988), которого по праву называют «последним классическим мыслителем», был младшим современником и последним представителем русской философии Серебряного века.

Л. Н. Столович

СКВОЗЬ КАТАСТРОФЫ ИСТОРИИ

Эмоциональность, страстность философских работ А. Ф. Лосева способствовала тому, что их автор представлялся читателю не только строгим кабинетным ученым, но и писателем — то ироничным и саркастичным, то проникновенно-лиричным. Поэтому к появлению лосевской прозы тридцатых-сороковых годов публика была в какой-то мере подготовлена. Стихи Лосева — вещь более неожиданная.

Во много раз гибнувшем архиве Лосева уцелела общая в линеечку серая ученическая тетрадь, а в ней два десятка стихотворений 1942–1943 годов. В тетрадь заносился окончательный вариант. В нее же вкладывались черновики. Некоторые из сохранившихся стихотворений окончены не были — они обрываются прозаическим «конспектом» недописанных поэтических строк.

Лосев хорошо знал классическую русскую поэзию. Имена Лермонтова, Тютчева для него особенно значимы. Но в отличие от своего старшего современника Ивана Ильина, полагавшего, что литература начала XX столетия была лишь вырождением старой русской литературы, ее грехопадением, Лосев страстно любил поэтов рубежа веков — Вл. Соловьева, Ин. Анненского, Зинаиду Гиппиус. Не случайно, что в его тетради собственные стихи предваряются выписками из поэтических сборников Вяч. Иванова. Изменить отношение к символизму не смогли ни личное знакомство с новой, футуристической поэзией в лице сотоварища по Московскому университету Бориса Пастернака, ни книги поэтов других школ, попадавшие на полки его личной библиотеки. Он оставался верен символизму в поэзии до последних дней потому, что всегда верил в другой, особый символизм человеческой жизни.

Осенью 1941 года московский дом Лосева был разрушен бомбежкой, и философ вынужден был снимать себе угол на чужой даче. Здесь, в поселке Кратово, и писались стихи. Восприятие внешнего мира в этих «дачных» стихах полностью подчинено одному главному ощущению — ощущению внутренней тишины и покоя. Откуда берется в голодное и бездомное военное лихолетье это чувство? Нет, не «жиденьким простором» дачного Подмосковья навеяно оно, не воспоминаниями о чудесных пейзажах Кавказа, увиденных во время путешествия 1936 года. Оно дается верой «в иное», знанием, что человек не затерян одинокой пылинкой в пустом пространстве. Оно рождается от созерцания «нездешней красы», от созерцания того духовного мира, который вечен и неизменен. Только приобщение к этому миру делает человека абсолютно свободным и независимым от происходящих вокруг него исторических катастроф.

В своих стихах Лосев верен традициям русского символизма. Его героиня, как и соловьевская София, вечная Невеста,

Подруга, Сестра, она же и Мать, она же и Дитя. Она та же многоликая подруга, новоявленная Беатриче, за которой, как некогда Данте, стремился вырваться из «сумрачного леса» земной жизни к престолам Духа Вяч. Иванов. В Ее облике угадываются черты жены Лосева, Валентины Михайловны, несущей вместе с мужем к этому времени уже тринадцатый год нелегкий крест тайного монашества. В стихах, обращенных к Ней, возникает столь значимый для Лосева образ Родины — не земной, а небесной. Она — покой, любовь, возвращение к себе, к Богу, единственное оправдание собственной его жизни. С Нею связано все — и прошлое, и будущее — для того, кто был дважды обручен, у кого было две невесты — наука и вера.

Елена Тахо-Годи

У СНЕГОВ ЭЛЬБРУСА

И Тегенекли, и Терскол
Поникли в сумраке долины:
Двугорбый кличет нас Престол
На поклоненье из низины.

Тропою узкой и крутой
Над темно-бронзовою мглою
Манит твой сумрачный покой,
Эльбрус, во сретенье с тобою.

Растет бездонная тоска
Ущелья, никнущего слева,
Чем больше ризница близка
Скитов растерзанного гнева.

Гудит пустая муть очей
Коричнево-глубинной дали,
Растущих бездн и пропастей
Сверкают черные скрижали.

И страсть, и хлад, и тошнота,
И взмыв, и ник, и исступленье,
И дрожь, и счастье, и мечта
И в голове и звон, и мленье —

Обуревают хищно дух,
Для жертв зовя испепелиться,
Лишь ты налево взглянешь вдруг,
Страшись, всходя, не оступиться.

Но что направо? Взлет и взмыв,
Оцепеневший от неволи,
Немотно-злобствующий срыв
Юно-весенне-зрящей боли.

В немую синь и в пурпур жил
Бледно-оранжевых раздраний
Здесь Бог когда-то претворил
Лазурность трепетных взысканий.

Но взглянь еще налево, — вдаль, —
Где за ущельем высь вихрится,
Где бледно-струйная печаль
И сребро-дымно кряж змеится.

Здесь сам Кавказских гор хребет
Темно свинцовой вьется мглою,
В недвижность судорог одет
И злобно-синей полон тьмою.

Здесь светло-темных бурь излом
Окоченел в смарагдных корчах,
И дымно-гневный небосклон
Взволнован в тускло-буйных клочьях.

Здесь крутобоких пик мятеж,
Златисто-блеклые вершины,
Седых хребтов немой кортеж
Бездумно-сребренные льдины.

Здесь траур мировых держав,
Вселенских пасмурность курганов,
И космы гневно-черных глав
Туманно-буйных истуканов.

Здесь мстящих туч застывший гром
И столп вселикого проклятья.
Здесь снеговерхий бурелом
И лед премирного заклятья.

Здесь сумереки алых бурь
Рыдают в палевых туманах,
Массивных судорог лазурь
Грустит извивно в горных станах.

Здесь люто-стремь бытийных волн
Лилово-черной непогоды,
И яро-движью космос полн
Во страстнотерпной мгле свободы.

Но вот и Эльбрус засиял
На повороте дебри тенной
И серебристо засверкал
Во мгле беззвучной и нетленной.

Пустынных слав и звон, и рев,
Суровоокое сиянье
И перламутровый покров,
Заткавший синее зиянье,

И торжество сапфирных льдов,
Веселье царственных лазурей
Под солнцем беловейный зов,
Венец лилово-дымных хмурей,

И огненосный сонм побед
В эмально-жертвенных чертогах,
В разрыве бурь немой обет
На солнце-лиственных дорогах, —

О, здесь торжественный покой
Всецарственного благородства,
Самодавленья мощь и строй
И жребий в небе первородства!

Не мни, однако, путник мой,
Наивных грез о, друг привычный,
Перевести Эльбрус святой
На свой язык, для всех обычный.

Сей проблеск сущных бездн — угрюм
И лют, и дик, и бесполезен,
В голубизне массивных дум
И всемогущ, и всеблажен.

Сей недр существенных разрыв
Восстал наивно и бездушно,
Как светлых душ и казнь, и взрыв,
Испепеленных равнодушно.

Сей отсвет жертвенных глубин,
Пустынно-меркнущих печалей,
Сей необорный исполин
Загубленно-тревожных далей,

Сей перламутр, сапфир, лазурь,
Эмаль, лиловость, беловейность.
И льдистый бред, и омут бурь,
И парчевая ало-снежность, —

О, все взвилось тут в ночь невзгод
Из плоти трепетных созданий,
Замерзшей в девственный сугроб
Среди эфирных злых лобзаний.

Пухово-бархатных снегов,
Суровых светов грусть немая
Сверлит о гибели веков
И об изгнании из рая.

Здесь кто-то жребий мук приял,
И слышен чей-то стон унылый.
Здесь кто-то плакал и рыдал
И проклинал перед могилой.

Очей тут мнится муть и хлад,
Оргийно издавна сверкавший, —
Горгоны исступленный взгляд,
Всех в камень древле претворявший.

Но — нет, теперь уж никого,
О стародавнем все забыто.
И — только хладное сребро
Очам испуганным открыто.

Сияет пурпур на заре
Пустынно-льдистого титана.
Мрачатся бурями во мгле
При вьюге очи истукана…

И простота, и юность лет,
Гостеприимная прозрачность,
И светлый, радостный привет,
И примирившаяся ясность…

И торжество, и гул побед,
И мягко-мудрые седины,
И мощь, и снеговерхий свет
В лазури солнечной пучины…

Эльбрус — незлобив и любим,
Наивен, мил и беспорочен,
Общедоступен, изучим,
Ничем земным не озабочен…

Вот, вот — Эльбрус святой,
Он, тайна плоти изнемогшей
И слав нетленных глубиной
Немых печалей слово родшей.

5–10/I — <19>42

ОПРАВДАНИЕ

Очей твоих ребячий зов
И тайна ласки неисчерпной
Средь зыбей жизни страстнотерпной
Всемирных плавят зло оков.

*

Сует не-сущих злая брань,
С твоей улыбкой изнеможной,
Лилово тает дымкой ложной,
Предвозвещая скорби грань.

*

Угрюмых складок бытия
Завеса ветхая спадает,
Священно-тайно воскресает
С улыбкой молодость твоя.

*

Ты помнишь утро наших лет,
Бесстрастно-детское лобзанье
И молодое трепетанье,
И умозрений чистых свет.

*

Страстей безумно-кровяных
Была стезя нам непонятна.
Была лишь жизнь ума нам внятна,
Видений чистых и живых.

*

Ум — не рассудок, не скелет
Сознанья духа и природы.
Ум — средоточие свободы,
Сердечных таинств ясный свет.

*

Ум — жизни чистой кругозор
И славы луч неизреченной,
И лик любви в нас сокровенной,
Ее осмысленный узор.

*

Ум — тонкость светлой тишины,
Бытийно-творная нервозность,
Он — смысловая виртуозность,
Безмолвий чистой Глубины.

*

Ум — вечно-юная весна.
Он утро юных откровений,
Игра бессменных удивлений.
Ум не стареет никогда.

*

Вот ближе роковой предел,
Расплата близится немая…
Чем оправдаюсь, ожидая
Последний суд и мзды удел?

*

Мы были молоды всегда,
В твоих сединах вижу младость,
Очей ребячливая радость
В тебе не меркнет никогда.

*

Восторг все новых умозрений
Неистощимою волной
Подъемлет юность нашу в бой
За вечность юных откровений.

*

Неведом нам другой ответ,
Других не знаем оправданий:
Предел земных всех упований
Нетленный юности обет.

*

Ребенок, девочка, дитя,
И мать, и дева, и прыгунья,
И тайнозритель, и шалунья,
Благослови, Господь, тебя.

28/XII — <1943>

Юрий Борев

Юрий Борисович Борев (р. 1925 г.) — специалист по эстетике и культурологии; доктор филологических наук, профессор. Родился в Харькове. В 1945 окончил Литературный институт им. М. Горького. Гл. н. с. Института мировой литературы РАН. Президент Независимой Академии эстетики и свободных искусств. Докторская диссертация — «Трагическое и комическое и проблемы литературы» (1963).

Борев — автор первых в России монографий о комическом (1957) и трагическом (1960). Трагическое, комическое и др. эстетические категории Борев исследует как понятия, отражающие культурно-исторические эстетические значения и выражающие эстетическое мироощущение человека. Борев разработал оригинальную концепцию эстетики как философско-искусствоведческой области знания и изложил ее основные проблемы в трудах «Введение в эстетику» (1964) и «Эстетика» (последний вышел в 4 изданиях на русском языке и в ряде изданий на других языках).

Борев разработал методологию анализа художественного произведения в виде методологической системы искусства интерпретации и оценки — системы, интегрирующей традиционные и новейшие методы художественного анализа. Им впервые выдвинуто и обосновано понятие «интеллигентский фольклор», выражающее особую форму общественного мнения и выявляющее важный пласт культуры тоталитарного общества.

Основные сочинения: О комическом. М., 1957; Основные эстетические категории. М., 1960; О трагическом. М., 1961; Комическое. М., 1970; Искусство интерпретации и оценки. Опыт прочтения «Медного всадника». М., 1981; Художественные направления в искусстве XX века. Киев, 1986; Эстетика. 4-е изд.

М., 1988; Сталиниада. М., 1990; Фарисея. Послесталинская эпоха в преданиях и анекдотах. М., 1992.

Л. Н. Столович
Биография.ру

Красота и трагизм бытия, перетекающие из сегодня в завтра

«Греки все превращали в красоту. В одном из мифов в красоту превращена даже месть богов по отношению к Ниобее: ее детей беспощадно уничтожают стрелами. Как ни страшно это событие, по форме оно прекрасно: ведь стрелы — это солнечные лучи»[1]. Искусство — высшая форма освоения мира по законам красоты. Оно перерабатывает все впечатления бытия в прекрасное. О чем бы ни говорил художник — о трагических страданиях или о возвышенных подвигах, об уродстве или о комизме, — его творения доставляют эстетическое наслаждение. Датский философ XIX в. С. Кьеркегор так охарактеризовал поэта: это несчастный человек, в чьем сердце скрыты глубокие мучения, но чьи губы устроены так, что, когда стон вырывается из них, он превращается в прекрасную музыку.

Древние индийцы полагали, что искусство родилось тогда, когда человек не смог сдержать переполнивших его чувств. В легенде о создателе «Рамаяны» говорится о том, как мудрец Вальмики шел лесной тропой. В траве он увидел двух нежно перекликавшихся куликов. Внезапно появился охотник и стрелой пронзил одну из птичек. Охваченный гневом, скорбью и состраданием, Вальмики проклял охотника, и слова, вырвавшиеся из его переполненного чувствами сердца, сами собой сложились в стихотворную строфу с отныне каноническим размером «шлока». Позже именно таким стихом бог Брахма повелел Вальмики воспеть подвиги Рамы. Эта легенда объясняет происхождение поэзии из эмоционально насыщенной, взволнованной, богато интонированной речи.

В любую погоду и непогоду, при любых социальных обстоятельствах и даже при неблагоприятных в душе у художника живет солнце, которое освещает красоту и трагичность бытия че-

---

[1] См.: Олеша Ю. Ни дня без строчки. М., 1965, с. 188.

ловека, социальные неустроенности и напряженности, противоречия и конфликты, беды и радости, сконцентрировавшиеся в жизненном опыте поэта. Главное в поэтическом творчестве, что обеспечивает ему гармонию и красоту, охватывает любимая Пушкиным категория — мера.

* * *

Я учился в двух вузах — в Авиационном институте и в Литинституте. В последнем и после его окончания в конце 40-х гг. в многочисленных в те годы литературных студиях мне повезло учиться у ряда выдающихся и известных поэтов, вошедших в историю русской литературы XX в.: И. Сельвинский, Н. Тихонов, Н. Асеев, Дм. Кедров, Вл. Луговской, И. Эренбург, С. Городецкий, М. Зенкевич, а встречался и разговаривал я с А. Твардовским, А. Крученых, К. Чуковским, К. Симоновым, М Светловым и др. Многовато учителей! Уместно вспомнить анекдот. Разговаривают две соседки:

— Мой Вася кончил два Университета.

— Что же он у тебя такой бездарный — в одном не мог выучиться.

Стихи писал всю жизнь. Понемногу. По необходимости высказаться. Почти не печатался. По одному стихотворению в сб. молодых поэтов и в журнале «Юность», несколько стихов в минском журнале «Советская отчизна» и т.п… Хвалебные слова в «Литературной газете» поэта Евг. Долматовского в статье «Поколение Зои и Олега». Подробный анализ моих стихов давали (письменно) И. Сельвинский, Н. Тихонов… Михаил Светлов сказал мне: «Вы писать стихи умеете. Однако поэтом вы не станете — поэзия требует всей жизни, а вы занимаетесь многими другими вполне серьезными делами». Вероятнее всего, что автор знаменитой «Гренады» (поэт страшно не любил, когда его так называли, ему казалось, что тем самым принижают его другие стихи и делают его автором одного стихотворения!) прав. Я мог бы и возразить: у Тютчева было немало других дел, кроме поэзии (сторонних от литературы) … Не стал возражать. «Нам не дано предугадать, как наше слово отзовется». Как бы там ни было, я не буду бороться с укоренившейся в мою жизнь потребностью иногда написать стихотворение.

Юрий Борев

КАТЕГОРИЧЕСКАЯ ПРОГРАММА ЖИЗНИ

※

Желанья жизнью оплачу.
Хочу чтоб мир был строг и ясен.
Я слишком многого хочу,
И я на меньше не согласен.

※

Не правда, что морозен воздух.
Нет! Он фиалками пропах.
И на деревьях зреют звезды,
Луна запуталась в ветвях.

Я буду звезды как черешни
Брать в рот и косточки бросать.
Мир будет вечным, будет прежним:
И по утрам всегда роса.

ВЕЧНОЕ БЕСПОКОЙСТВО

Мне успокоиться едва ли.
Я если б жил в иных веках,
Меня б на дыбах поднимали
Или сжигали на кострах.

Но вечен бой, как вечна жизнь.
И снова сердцу нет покоя.
И снова в жизни рубежи
Даются смелым только с боя.

Пусть пламя принесет гроза.
Покоя сердце не захочет.
Как искры звезды бьют в глаза
И ноздри жаркий дым щекочет.

* * *

Нужно мужество солдата,
Чтоб всю жизнь гореть в огне.
Будто версты полосаты
Дни летят навстречу мне.

* * *

Ну что ж не зря проходят годы —
Скупей улыбка, тверже взгляд.
Неумолим закон природы —
Иду с зенита на закат.

Ах, годы, годы не спешите.
Я был как все мы юн и глуп.
Хочу побыть еще в зените.
Я жизнелюб, я солнцелюб!

ИЗ ЦИКЛА «СТИХИ О ПРЕКРАСНОЙ ДАМЕ»

Она была царица снега.
Она затеряна в снегах.
И дремлет неземная нега
В ее устах, в ее перстах.
    (А. Блок)

Нет! Не как Симонову раннему —
Немногим выше неприличия.
Являлась мне Она в сиянии —
Как перед Данте Беатриче.

И если б верил, хоть немного
В существованье высших сил,
То в богохульстве б выше Бога
Твой вечный образ возносил!

* * *

Вам нерыцарям дамы прекрасной,
Вам, которым любови легки,
Я бросаю в лицо несогласие
Как перчатку с правой руки.

Да не легкое будет сражение,
Вам иль мне не сносить головы.
Принимайте мой вызов-презрение.
Я иду на Вы!

* * *

Я сам с собой затеял битву,
Наверно, снова я влюблен.
Я как стихи и как молитву
Твой повторяю телефон.

* * *

Да, я предвижу все заранее,
Но тороплюсь мосты все сжечь.
Вот так же конь смертельно раненный
Идет под новую картечь,

Он так же сердце подставляет
Под новую струю огня.
И в пропасть злой разбег бросает
Разгоряченного коня.

Но я за эти счастья миги
Камнепадения с крутизн
Готов отдать цветы и книги,
Сиянье звезд и даже жизнь.

* * *

Целую в губы,
В глаза безбрежные,
Я самый грубый,
Я самый нежный.
Смеюсь и плачу
И мучу вновь,
И в грубость прячу
Мою любовь.

ЗАКЛИНАНИЕ

Ты, отнявшая мой покой,
Перестань мне ночами сниться.
Назначай мне какой ценой
Я могу от тебя откупиться.

Ты отдай мне меня, отдай!
Пусть я буду свободен как прежде.
С глаз долой меня прогоняй,
Чтобы не было больше надежды.

Ты сошли меня в злую разлуку,
Чтоб не видел я глаз твоих, губ;
Чтоб забыл я и счастье и муку,
Чтоб как прежде был жизнелюб.

Ты храни все, что было, в тайне.
Нет! Забудь, зачеркни, разорви!
Я хочу еще жить, не дай мне
Задохнутся от нашей любви!

* * *

Вы проходите снежная,
Вы проходите нежная
Моей улицей, сердцем моим и моими стихами.
Беспокойный и неуспокоенный
Я давно и тайно любуюсь вами.
Небо осеннее, Солнце весеннее.
Я всю тебя знаю уже наизусть.
Из твоего легкомыслия и веселия
Соткана моя грусть.

ТВОЯ СВАДЬБА

Ветер раскачивал фонари.
Они жирными пятнами плавали в лужах.
Где-то вальс: раз, два, три…
раз, два, три… И от этого было еще хуже.
А ветер рвался в оконные щелки,
Плакал, пел, балагурил и балаганил.
Там за окнами чарками чокались
И пахло яблочными пирогами.
И ты была белее яблони. Белее яблони в цвету.
Руками нежными и слабыми
Не в силах отвести беду.
А я убит или пропал.
Ты все по-своему решила.
Я на три года опоздал.
Ты на три года поспешила.

* * *

Слезами смотрю в твое окно.
Сердцем стучу в твою дверь.
То, что ты не моя, все равно.
Мне все равно теперь.

Я теперь только добрый друг.
Хочешь — помни, а хочешь — забудь.
Поцелуем коснусь твоих рук.
Будь ничьей, будь чужой — только будь.
Добрый друг, в добрый час, в добрый путь!

ЛЕСНАЯ ЯБЛОНЯ

Я в сердце через жизнь несу
Мою любовь — печаль,
Стояла яблонька в лесу,
Кругом чужая даль.
И я любя страшусь любви —
Ведь ты в чужом лесу.
И только топором срубив,
Тебя я унесу.

* * *

Бывает: налаженный быт и уют
Нам быть гражданином страны не дают.
Ты хорошеешь, глаза твои синие
Все ярче и глубже. Люблю их до боли.
Но ты живешь в комнате, а не в России
И я не могу с тобою.

СТИХИ О НЕЛЮБВИ, ИЗМЕНЕ И БОЛИ

* * *

И я от ужаса бледнея,
Смотрю, как вдаль походкой чинной
Уходит, молча Галатея
С чужим и чуждым ей мужчиной.

Я создавал ее из пепла,
Дал ей дыханье и полет.
Она теперь от слез ослепла.
Он у меня ее крадет.

Окончились нелепой сказкой
Пигмалионовы труды.
Все гибнет. Нет иной развязки.
И нет исхода у беды.

* * *

Когда все это началось,
Мне ночью что-то не спалось.
Когда все это началось,
Седых прибавилось волос

Я на доверье ныне скуп,
Мою любовь, мою тоску
Словам доверить не могу я.
Не верю лести поцелуя,
Не верю тьме и свету глаз,
А верю только в силу зла.

Я так любил и так я верил,
Что у измены нету меры.

* * *

Ты нехотя меня ласкаешь,
Ложась в холодную кровать.
Я тебя ни в чем не упрекаю
В нелюбви нельзя ведь упрекать.

Нелюбовь в глаза мои смеётся,
Весело хохочет надо мной,
И мое живое сердце бьётся
Под ее могильною плитой.

* * *

Я верил Сталину, но он нас обманул.
Тебе я верил — ты мне изменила.
Ну что ж это за век, где зла разгул,
Где зло и ложь есть власть и сила?

Я проклял Сталина, что у людей в долгу,
Я проклял век, повергнутый в безверье.
Тебя проклясть я не могу.
Последнее проклятье берегу,
Как берегут последнее доверье.

* * *

Жизнь истекает кровью.
Любовь истекает слезами.
Что делать с любовью,
Не выдержавшей экзамен.

Твоя любовь уже не в праве
Ни отвергать, ни обожать,
Меня прославить, иль ославить,
Или на веки удержать.

* * *

Мужчина в горе не плаксив.
Об этом знаю я.
                    Однако
Лежу, подушку закусив,
Чтоб не кричать и чтоб не плакать.
Как ногти у покойников растут,
Как звезд померкших
           свет идет в пространство,
Любовь моя живет.
                    Она со мной, вот тут.
В ней даже за измену — постоянство.

* * *

Когда на землю упаду
От страшной и смертельной раны,
Из забытья в полубреду
Тебя и звать и гнать я стану.

Я буду умирать в бою,
И первое, что вспомню я —
Измену давнюю твою,
Печаль, любовь и боль моя.

ИЗ ЦИКЛА «ЗАМЕТКИ НА ПОЛЯХ ВОЙНЫ»

Про войны говорят враньё,
Но знает правду вороньё.
(Ю. Б.)

ИЗ ОКРУЖЕНИЯ

Люди в шинелях из серого неба
Идут и раненные не стонут.
И нет больше хлеба, ни крошки хлеба,
И только б хватило гранат и патронов.

А гимнастерки и шинели,
Соленым потом пропотели.
И раны рваные на теле,
Никто не спросит про потери.

Могилы жмутся их к обочине.
Глаза как вточены
В кровоподтёчены.
И лики их сосредоточены

И утопает шаг в болото.
Идет пехота, идет пехота.
К своим идет, под пулемет.
Она дойдет. Умрет — дойдет!

СНЕГОПАД

Снегопад заметает тайгу,
Стонут сосны на берегу.
Гул стоит, колокольный гул —
Это ветер качает тайгу.
Еле слышно вдали, в заносах,
Паровозов оглохших крик.
Снег бросается им под колеса,
Сверху, косо и напрямик.

Сибиряк рукавицей пот
Оботрет со лба и гребет —
В десять тысяч идет лопат
Наступление на снегопад.

Наступленье. Нельзя опоздать.
И идут сквозь тайгу поезда.
На платформах по башни в снегу
Танки движутся через тайгу.

Это в бой выходит народ —
Современник больших непогод
Это значит — конец врагу.

Эшелоны ушли в тайгу,
Вся тайга до бровей в снегу.
Лес одел парадный наряд.
Тишина. Только рельсы звенят.
Только слышны далекие звоны.
И видны вдалеке дымы.
И как шли сквозь тайгу в Сталинград эшелоны,
Так уходим в грядущее мы.

МОНОЛОГ УБИТОГО

Третий раз в атаке батальон.
Третий час на снегу под обстрелом.
Не знаю, кто бредит: я или он —
Мертвый человек в белом.

Мы с ним взглядом скользим,
Вдоль траншей и укрытий.
Мы с ним рядом лежим,
Мы с ним оба убиты.

Солнце светит не нам.
Мы хладеем и бредим.
Но по нашим телам
Вы дойдете к победе.

ДОРОГА В МАНЧЖУРИЮ

Тень бросал паровоз
Под откос на поля,
Ветер дым в небо нес,
Рожь в полях шевеля.

И раскачивались вагоны,
Перестуком, считая стыки.
Звезды падали на погоны.
И суровыми были лики.

На Востоке вновь пули косые,
А за окнами ночь и день
Все Россия, Россия, Россия, Россия,
И колеса стучат: на Мукден, на Мукден.

Взял солдат на гармони минорные переборы.
Вальс «На сопках Манчжурии» плыл печально и строго.
И солдаты клонили задумчиво взоры.
И ругались солдаты в японского бога.

ИЗ ЦИКЛА «ПУТЕШЕСТВОВАТЬ – ЗНАЧИТ ФИЛОСОФСТВОВАТЬ»

КАРФАГЕН

Пустыня тяжело вздыхала.
Заката пылал автоген.
Пудрила пудрой «Рашель» Сахара.
Меня и любимую и Карфаген.

Библейская пальма взмахнула крылом,
А звезды в ночи закричали по-птичьи,
И хлынул вдруг мир через сердце мое,
Раскрылась вдруг жизнь
Во вселенском величьи!

НЬЮ-ЙОРК

Видений этих не забыть,
Они как глыбы.
И небоскребы как гробы,
Что стали дыбом.

Мосты летят через Гудзон,
В них труд и гений.
Они как звон, они как сон,
Как тень видений.

В бетонный лес
Вселился бес.
Бетон бунтует.
Бетон пронзает синь небес
И торжествует.

НИАГАРА

То будто бы пламя пожара,
То как колокольный набат
Бушует, гудит Ниагара —
Торжественный водопад.

Он падает в бездну.
И пенится в ней.
Да, он бесполезный,
Но пользы нужней.

* * *

Громокипящая вода
Летит с обрыва в никуда.
А у подножия обрыва
Лишь кружева как пена пива.

ИЗ ЦИКЛА «МЕТАФИЗИКА БЫТИЯ И ЕГО СУРОВАЯ ПРОСТОТА»

> *Мир удивительно прост:*
> *Детство, работа, погост.*
> *(Ю. Б.)*

БЕЗНАДЕЖНОСТЬ БЫТИЯ

Сидит у будущего Будда
И жизни ход его причуда.
И все приходит ниоткуда,
И все уходит в никуда.

И жизнь — беда, беда, беда.
Не будет солнца никогда.
И если солнце все же будет,
Его зима опять остудит,
Зима остудит, охолонит,
За горизонтом похоронит.

И вновь зима, зима, зима.
И вновь беда, беда, беда.
Не будет солнца никогда.
Сойдет египетская тьма.

ЧЕРНОБЫЛЬ

Безрадостно гляжу на солнце я,
Хотя еще не слышу боли.
Мы будем умирать от стронция
И задыхаться от неволи.

Нас будут молча убеждать,
Что прочно рабства постоянство,
И будет некуда бежать
Из зачумленного пространства.

Май 1986

* * *

Мне дождь весенний говорит:
Мир из осколков состоит.
И утверждает вешний гром,
Что обновилось все кругом.
А молний росчерк пишет в небе:
Есть зло, добро, и быль, и небыль.
И говорят всех тюрем башни,
Что есть у мира день вчерашний.
По звездам можешь ты прочесть:
У мира свет и завтра есть.

Леонид Столович

Леонид Наумович Столович родился в 1929 г. в Ленинграде. Пережил ленинградскую блокаду. В городе на Неве окончил среднюю школу и философский факультет университета. С 1953 г. преподавал эстетику и философию в Тартуском университете. В 1955 г. защитил кандидатскую, а в 1965 г. докторскую диссертации в Ленинградском университете. С 1966 г. — профессор кафедры философии Тартуского университета. С 1994 г. — почетный профессор университета (Professor Emeritus).

Л. Н. Столович явился одним из инициаторов возрождения эстетики в Советском Союзе в 50-е годы прошлого века. Разработанная им социокультурная концепция эстетической ценности вызвала международную дискуссию о сущности эстетического отношения, оказавшую стимулирующее воздействие на развитие эстетической и аксиологической мысли. Отстаиваемая им концепция подверглась жесткой критике со стороны партийных догматиков, однако она получила широкую известность и поддержку гуманистически ориентированных философов как в Советском Союзе, так и за его пределами.

В работах 60–70-х годов Л. Н. Столович исследовал структуру художественной деятельности, ее основные аспекты и функциональные значения, основные типы художественного творчества. Им была предложена графическая модель ценностного отношения и художественной деятельности.

В 1980-х гг., изучая историю кантовского архива в Тартуском университете (т. н. Тартуская Кантиана, которая в 1895 году была передана в Германию для издания академического собрания сочинений Канта и так и не возвратилась в Тарту), Л. Н. Столович обнаружил ее местонахождение в Берлине. Изучение Тартуской Кантианы, публикация и исследование связанных с ней материалов послужило основанием возвращения ее в Тарту в 1995 г. В эти годы Л. Н. Столович возобновил свое поэтическое творчество, начатое в еще в юности, но прервавшееся в конце 40-х гг.

С 90-х годов Л. Н. Столович большое внимание уделил истории аксиологической — теоретико-ценностной — мысли, истории русской философии, а также историко-теоретическому осмыслению таких философских проблем, как *диалог и диалектика, мудрость и знание, философия смеха, общечеловеческие ценности.* Им было выдвинуто понятие *системного плюрализма* как методологического принципа исследования истории философии, философских проблем различных областей философского знания (особенно в аксиологии и эстетике) и в воспитательно-образовательной деятельности.

Л. Н. Столович является автором свыше 600 публикаций на 20 языках, в том числе 24 книг, изданных 59 раз, таких, как «Эстетическое в действительности и в искусстве» (1959), «Предмет эстетики» (1961), «Категория прекрасного и общественный идеал. *Историко-проблемные очерки*» (1969), «Природа эстетической ценности» (1972), «Жизнь — творчество — человек. *Функции художественной деятельности*» (1985), «Красота. Добро. Истина. *Очерк истории эстетической аксиологии*» (1994), «Евреи Шутят. *Еврейские анекдоты, остроты и афоризмы о евреях*» (7 изданий в 1996–2009 гг.), «Философия. Эстетика. Смех» (1999), «Стихи и жизнь. *Опыт поэтической автобиографии*» (2003), «Плюрализм в философии и философия плюрализма» (2005), «История русской философии. Очерки» (2005), «Размышления: Стихи. Афоризмы. Эссе» (2007) и др.

Профессор Л. Н. Столович — действительный член Независимой Академии эстетики и свободных искусств (Москва), академик Академии гуманитарных наук (С.-Петербург), член Кантовского общества (Бонн), Российского философского общества, Международной Ассоциации эстетики, Американского общества эстетики, почетный профессор Юго-восточного университета Китайской Народной Республики (г. Нанкин), член Эстонского Союза писателей.

* * *

Между философией и искусством, в частности поэзией, есть много общего. Не случайно сама философия существовала не только в логико-рациональном стиле, но и в стиле эстетическо-художественном, а искусство в высших своих выражениях подымается на вершины философской мысли. Опыт художественного творчества очень много помог мне в занятиях теоретической эстетикой. Благодаря этому опыту я, исследуя творческий процесс искусства, не уподоблялся евнуху, рассуждающему о любви. Но даже и тогда, когда я сам не писал стихов, я жил в поэтическом мире творчества моих любимых поэтов, который помог мне жить и выжить в мире непоэтическом.

Первая подборка моих стихотворений, в которую вошли «Оттепель» (1946), «Осень» (1946), «Простота» (1980), «Могила Канта» (1980), была опубликована в газете «ТГУ — Тартуский гос. университет» от 28 ноября 1980 г. с предисловием Юрия Михайловича Лотмана. Напутствие Ю. М. Лотмана придало мне смелость в публикации скромных плодов моей причастности к стихотворному творчеству. Правда, из различных советских журналов мне нередко писали о несозвучности моих стихов «нашей эпохе» и «передовой идеологии». Поэтому то, что было напечатано в питерском журнале «Звезда» (1996, № 8), в русских журналах Эстонии («Радуга», «Таллинн», «Вышгород»), а также в поэтическом разделе «Вестника Российского философского общества», свершилось в другую эпоху. В мемуарной книге «Стихи и жизнь. Опыт поэтической автобиографии» (Таллинн, 2003), в сборнике «Размышления: Стихи. Афоризмы. Эссе» (Tallinn — Tartu, 2007) и в интернетовской публикации (www.ut.ee/~stol) было собрано и отобрано то, что автор смеет предложить читателю.

Леонид Столович

«НА ЗАРЕ ТУМАННОЙ ЮНОСТИ...»

ЧАСЫ

Ход мерный раздается. Блеск заката
На бронзе чуть заметно трепетал.
Здесь нет камина, узких окон ряда,
Здесь нет высоких сводов мрачных зал,

Для многих поколений где когда-то
Неумолимый голос их звучал.
Четыре века этот луч заката
Ласкал всё нестареющий металл.

Сижу тоской неясною объятый.
Гляжу на них. Прощальный блеск заката
Скользнул последний раз по бронзе и потух...

Зловеще слух тревожит вещий звук,
А стрелка медленно ползет по циферблату
И чьей-то жизни завершает круг.

1944

К ДАНТЕ

Валентину Сымоновичу

Прими мой стих, взлелеянный мечтами,
Творец, что спит века глубоким сном,
Но гений чей вознесся над веками
Увенчанный бессмертия венком.

Поймешь ли за холодными строками
Ты душу, что познания огнем
Объята, сердце, где сомнений камень, —
Которым блеск фортуны не знаком.

И только взгляд один, подобный взгляду
Тобой воспетою мадонны той,
Единственною стал для них отрадой.

Приди, приди в предел тебе чужой!
Явись! — хочу по жизненному аду
Пройти, как ты с Вергилием, с тобой.

1944

ЗАВЕЩАНИЕ ЭККЛЕЗИАСТА

Я у конца великого пути
И только суета сует за мною.
Но нужно было весь его пройти,
Чтоб каждый шаг назвать в нем суетою…
Кто столько приобрел и стад, и нив,
Рабов и славы, в счастии страдая,
Познаний плод добра и зла вкусив,
Душевного навек лишился рая?..
В последний раз сияет мне луна.
Свет вечных звезд гнетет меня тоскою.
Я вижу смерть… Так, стало быть, одна
Есть участь над глупцом и надо мною.
Всё суета,
         но только для меня…
Последнее дух умудренный скажет:
Пройдите все дороги бытия,
А сердце вам путь истины укажет.

1945

ОТТЕПЕЛЬ

Я не люблю, когда в январский день
Осклабится усталая природа.
От мутного, седеющего свода
Легла на улицу, на душу тень.

Казалось, это дней весенних зов
И воздух талой сыростью пронизан,
И мокрый снег свисает по карнизам
Одетых легким серебром домов.

Я знаю, завтра, землю леденя,
Мороз сорвет с домов одежды эти.
На перекрестках буйствующий ветер
Вдруг снежной пылью обожжет меня.

И этот ноздреватый, дряблый снег
Покроется других снежинок стаей.
Еще не скоро он совсем растает,
Сосульками искряся по весне.

1946

* * *

Лес окутав за лощинкой,
Над холмов зелёным дерном
Вот ненастной паутинкой
Ветерок простор задернул.

А в дали кусты плакуче
Жались около обрыва…
Вдруг на радость из-за тучи
Солнце глянуло игриво.

Так же падали дождинки,
Только небо голубело.
С каждой капли на травинке
Солнце ласково глядело.

Не печалься, если годы
Приведут с собою грозы, —
Посмотри, сама природа
Улыбается сквозь слезы.

1946

ПРОГУЛКА

Мы рощей к речке шли с тобой.
На горизонте чуть багрилось.
Стрекочущею тишиной
Все, все вокруг оцепенилось.

Я в первый раз в таких местах.
Деревья притаились робко.
В оживших в сумерках кустах
Сонливо заплеталась тропка.

И тихо в душу заползла
Бодрящая лесная сырость…
В тумане куст прибрежный вырос,
Куда-то в ночь река текла.
В глухом тумане у реки
В пне дряхлом тлели светляки.
И где-то, где-то за рекой
Поля купаются в туманах…
Так вот откуда грусть, покой
Вошли в полотна Левитана.

1946

* * *

Зачем, прощаясь с уходящим днём,
Скорбеть о нем и тосковать о нем,
Когда с багрянцем неба гаснет он,
В песчинки золотые превращён
Чего-то нового, каких-то дум,
Которых сразу не осилит ум.
Вот в сокровенной глубине залёг
Светло и тяжко золотой песок…
А дням моим, когда придет конец,
Там хватит ли на золотой дворец?

1946

К ВОЙНЕ

Ты явилась, и дохнуло адом,
По вселенной прокатился стон.
Разумом, тебе врученным, атом
Жизней миллионов расщеплен.

Этот гром над маленькой землею
Стихнет где-то средь далеких сфер,
И на землю выйдет за тобою
Твой, еще неведомый, Гомер.

1946

* * *

Сумерки, а мы еще стояли,
И в моей была твоя рука.
В судорожно-глянцевом канале
Плавились дома и облака.

Я не задавал тебе вопросов,
Лишь смотрел, смотрел, как первый раз
На твои дымящиеся косы
И в живые малахиты глаз.

Ты нагнулась — маленькая смелость.
Щек коснулась прядь твоих волос.
На губах мгновенно загорелось,
Светлым пламенем в душе зажглось.

И на нас глядит без порицанья
Скромный соглядатай всех веков —
Звездочки студеное мерцанье
В седине вечерних облаков.

1946

ОСЕНЬ

Глебу Семенову

Совсем по-осеннему слепо
В предчувствии снега и стуж
Холодное дымное небо
Меж листьев сквозило из луж.

И этой осеннею ранью
От крон, где листы снесены,
Узнал я про смысл отмиранья
Во имя грядущей весны.

1946

30 ЛЕТ СПУСТЯ

ДОЧКЕ

Нет, не тот поэт, кто строчки пишет,
Мыльные пуская пузыри.
Только тот поэт, кто ночью слышит,
Как звезда с звездою говорит.

1975

ПРОСТОТА

Есть простота и простота:
Одна из них такая —
Она чиста, как пустота,
Сама в себе нагая.

Есть и святая простота.
Есть и такая простота,
Что хуже воровства.
Есть и такая простота,
Что тяжелей вдовства.

Есть простота, как высота,
Как совершенства знак.
В ней растворилась суета,
Как в хлебной корке злак.
Быть может, это красота —
Та непростая простота?
К ней продираются сквозь мрак,
Как Блок и Пастернак.

1980

* * *

Сорок шестой. Большой драматический.
Вечер памяти Блока.
Зал в огнях электрических…
Дальше помнится плохо.

Ярко одно память выхватывает
Из бывшего в этот вечер:
На сцене в черном Анна Ахматова
И зал, ей встающий навстречу…

Август. В бликах Фонтанки качается
Свод еще не прокопченный.
Светлые ночи скоро кончаются.
Дни начинаются черные.

1980

МОГИЛА КАНТА

Трамвай скрипит на повороте — там,
Где дом стоял Иммануила Канта.
Чуть вправо убегает эстакада,
А за рекой вдали простерся храм.
Продымленный готический собор
Вздымает свой величественный остов,
Оставшийся один на целый остров.
Все остальное сметено, как сор…

Мы, мудрые теперь, отлично знаем:
Мир познаваем, но не узнаваем.
Конечно же, нет в мире постоянства.
Не вечны ни цветочек, ни гранит.
Сознание не создает пространство,
Но лишь оно одно его хранит.

А думал Кант, что беды отвратит
Категорический императив.
Смеясь над кёнигсбергским пацифистом,
При этом ближнего не возлюбя,
Расторможенный разумом нечистым
Весь мир в себе вдруг вышел из себя.

Но мудрая случайностей причуда
Могилу Канта сохранила чудом.
Гранит надгробный, словно вещь в себе,
Непостижимая в своей судьбе.
И строгий портик около стены
Собора. Из цепей ограда. —
Вот все, что уцелело от войны,
От Кёнигсберга до Калининграда.
И это, может, убеждает мир,
Что для него спасенье — Вечный мир.

1980

* * *

Высоцкий пел в Калининграде
В спортивном зале.
Будто представлены к награде
Те, кто попали.
Ну, а самой наградой были
Его лицо и все эти небыли и были
С той хрипотцою.
Его душа кричать могла
Сквозь ложь и сплетни.
И песня каждая была
Как бы последней,
Родив магнитофонный шквал
Из тысяч окон…
Но я, когда попал в тот зал,
Уж петь не мог он.

Уже, наверно, в этот миг
Его не стало…

Он памятник себе воздвиг
Без пьедестала.

24 января 1981 года

* * *

Хочешь — не хочешь,
                но «завтра» вновь станет «вчера».
Пуля за пулей секунды впиваются в вечность.
В память уходят прошедшие дни, вечера,
Где коротают второй раз свою скоротечность.

1981

* * *

Говорят, свободно место Блока
И немало мест иных вакантно.
Это было бы совсем неплохо
Заступить на место, скажем, Канта.

Но при этом часто забывают,
Что не нужны без невесты сваты.
Свято место пусто не бывает —
Пусто место не бывает свято.

1983

ТАРТУСКАЯ ШКОЛА

*«Тартуская школа — это структурализм
с человеческим лицом»*
                          Ефим Эткинд

«Лицом к лицу лица не увидать».
Профессор из Сорбонны лучше видит,
Хотя, конечно, в самом общем виде,
То, в Тарту до чего рукой подать.

Дом на Бурденко. Вот звонок у двери.
Легенда приглашает вас рукой,
Другой мешая в печке кочергой,
И лапу вам дает на счастье Джерри.

Здесь в Тарту убеждаетесь вы сами:
Структурализм стал мужем и отцом
С добрейшим человеческим лицом,
С эйнштейново-старшинскими усами.

Весною, летом, осенью, зимой,
Презрев все ущемленья и уколы,
И с внучкою своей очередной
Идет спокойно тартуская школа.

И счастлив ты, что в Тарту ты живешь,
Бог дал или не дал тебе таланта;
Когда вдруг встретишь Лотмана, поймешь
Того, кто видел в Кёнигсберге Канта.

28 февраля 1982 г.

АЛЕКСЕЮ ФЕДОРОВИЧУ ЛОСЕВУ

В ком многознанье с мудростью слились,
Век девятнадцатый и век двадцатый?
Чей дух в себя вбирает даль и близь,
Бесчисленные даты и цитаты?
Как перекличка сотен соловьев,
В том духе, вовсе не лишенном плоти,
Являются Платон и Аристотель,
И Вагнер, и Владимир Соловьев.
Сокровища своих несметных знаний
Он дарит, а не копит, как Кащей.
Пускай другие — мера всех вещей.
Он — мера духа, честности исканий.
А жизнь — отнюдь не праздничный парад.
Своим трудом одолевая косность,
Он выстоял достойней, чем Арбат,
Как музыка и как античный космос.
Кто он, собой украсивший наш век,
Классический филолог и философ
И просто бесподобный человек?
Есть имя, что звучит как званье — ЛОСЕВ.

23.09.1983

* * *

Имя твое — призыв к вере.
Имя твое заклинает: верь!
Имя твое — в особой сфере
Множества значений веер.

Имя твое — синоним религии.
Имя твое — итог всех наук.
Имя твое — это реликвией
Ставший самый обычный звук.

Можно на камне его высечь,
Но лучше в душе лелеять любя.
Имя твое у сотен тысяч,
Но нет такого, как у тебя.

22.11.1984

* * *

У нас с тобой осенняя любовь.
Нам подарили сказочную осень,
Лес, полный удивительных грибов,
И над березой золотую просинь.

Не миновать нам снега седины.
Пусть этих дней не будет и в помине,
Лишь были б души соединены
И в них горел огонь, как в том камине.

Осень 1984

САЛЬЕРИ И МОЦАРТ

Недавно нас газеты известили,
что стало достоверно и бесспорно:
Сальери Моцарта не отравлял!

А как же Пушкин? Не оклеветал ли
поэт талантливого музыканта?
Да, оба стали жертвой злой легенды,
И вот одна из «маленьких трагедий»
явила нам трагедию не только
своих героев, но ее творца...

Нет, не писал поэт судебный очерк!
Его Сальери, впрочем, как и Моцарт,
живут бессмертной жизнью, не похожей
на жизнь своих однофамильцев,
ибо они и есть тот вымысел высокий,
тот вымысел поэта, над которым
слезами, верно, Пушкин обливался.
И вымысел тот правду утверждает,
которую никто не опровергнет,
хотя пытались:
   «Гений и злодейство —
   две вещи несовместные».

1986

* * *

Конечно же, в жизни мне повезло.
Снаряды и бомбы надо мной пронесло.

Я выжил в блокадный сорок второй,
Когда умирал каждый второй.

В шестнадцать я знал, кто такой Мандельштам,
Что Анна Ахматова — не стыд и не срам.

1988

* * *

Вот всё, что мы, в конце концов, имеем:
Владыка мира — трутень, а не труд.
И сам социализм стал мавзолеем,
Где революции хранится труп.

1989

* * *

Дни вертятся, как спицы в колеснице,
И понукает жизнь: пошел, пошел!
Да, прав был Блок: «Покой нам только снится».
И вот тогда нам спится хорошо.

1999

* * *

Непостижимо, чья причуда
Жизнь — это длящееся чудо.

1999

* * *

История всё ставит по местам —
Так время превращается в пространство.

* * *

Такие вот были у нас пироги.
Мы до перестройки твердили, как велено:
Бухарин и Троцкий — народа враги:
Они против Маркса, они против Ленина!

Такие вот стали у нас пироги,
Когда и не нужно вставать на колени нам.
Бухарин и Троцкий — народа враги:
Они ведь за Маркса, они ведь за Ленина!

2000

***

Какая славная затея —
Национальная идея:
Тогда мой собственный народ
Предстанет лучшей из пород!

2000

СУДЬБА

— Как ты думаешь, что такое судьба?
— Судьба — это, например, когда на тебя свалится кирпич.
— А если не свалится?
— Значит, не судьба!

Судьба — всё то, что прожил я.
Она — тот путь, который пройден, —
Не будущее бытия.
Она не знает, как и я,
Что ждет нас — ордер или орден.

Судьба не стоит укоризн,
Она на нас не ставит метку.
Мне кажется, что с нами жизнь
Играет в русскую рулетку.

9.01.2005–11.01.2005

* * *

Жизнь, она богата иль убога,
Если строго описать её, —
Это нас манящая дорога
Из небытия в небытиё.

7.08.2006

ИУДА

> . . . .
> Не читки требует с актера,
> А полной гибели всерьез.
> *Борис Пастернак*

Конечно же, Христос знал до конца,
Кем именно он должен будет предан.
И вот свершился замысел Отца,
Который для Иуды был не ведом.

Не знал Иуда, роль свою содеяв,
Что он ославит племя иудеев.

В задуманном Божественном спектакле
Играет каждый заданную роль.
Не может он сказать: «Меня уволь!»,
Но жизнь нельзя свести к игре. Не так ли?

И получив предателя дары,
В петле Иуда вышел из игры.

20.08.2006

* * *

На этом, наверно, единственном свете
Всё, кроме любви, пустяки.
От удачной любви рождаются дети,
От любви неудачной — стихи.

* * *

Дышать свободней стало,
      После дождя.
Так иногда бывало,
      После Вождя.

1998

* * *

> Быть знаменитым некрасиво.
> *Борис Пастернак*

Пусть слава призрачна и лжива,
Но все равно людей манит.
«Быть знаменитым некрасиво» —
Заметил тот, кто знаменит.

28.09.01

* * *

> «Поэт-сатирик — меньше, чем поэт»
> *Виктор Левинштейн.* Отголоски.
> — Ришон-ле-Цион, 2002, с. 4.

«Поэт-сатирик — меньше, чем поэт».
Его презреньем обливает лирик,
Который процедил ему во след:
«Сатирик тот — кому весь мир сортирик!»

Но и сатирик — тот, что не поэт,
Не верит, что бичом владеет лирик,
И говорит стихам весомо: «Нет!
Поэт-сатирик — меньше, чем сатирик».

В который раз внушают споры эти,
Как трудно полукровкам жить на свете.

Июнь 2003

* * *

Расцветали яблони и груши.
Ну, а мир, как был, лежит во зле.
Вылетали на берег Катюши
И взрывались на Святой Земле.

20.07.2006

Велимир Петрицкий

СТРАНИЦА, В КОТОРУЮ УМУДРИЛАСЬ УМЕСТИТЬСЯ ЖИЗНЬ

Родился 10 июля 1931 года в Ленинграде в семье военного моряка. В декабре 1934 года отца арестовали и в сентябре 1935-го расстреляли. В 1938 г. маму, младшего брата Владимира и меня выслали в город Рыбинск Ярославской области. В Рыбинске, переименованном в 1946 г. в Щербаков, окончил среднюю железнодорожную школу с серебряной медалью, которой лишили как сына врага народа. В школьные годы пришлось, помогая маме, работать на железной дороге по укладке шпал; на сплаве плотов по Волге; в старших классах — в местной городской газете разъездным корреспондентом по району. В конце 40-х стал своим человеком в центральной городской библиотеке — читал почему-то Канта и (из под прилавка) поэтов рубежа XIX — XX вв.

В 1949 году в газете «Щербаковская правда» впервые напечатали два моих стихотворения. В 1950 г. был удостоен, уже за другие стихи, 2-й премии на городском литературном конкурсе. С неимоверными трудностями поступил в 1952 году на отделение журналистики филологического факультета Ленинградского университета. Жажда знаний одолевала: слушал на физическом факультете лекции академиков В. И. Смирнова, В. А. Фока, на философском — молодого тогда Игоря Кона. Дивлюсь ныне, как только хватало времени посещать занятия университетского ЛИТО и выступать с докладами на конференциях СНО... В 1957 году получил диплом с отличием и работал в ленинградских газетах, на радио, на телевидении, в издательстве — искал себя. Занимался в литобъединении при журнале

«Звезда» (руководитель — поэт Николай Браун). Печатал стихи на страницах «Звезды», в ленинградских газетах «Смена» и «Вечерний Ленинград».

В 1965 г. поступил в очную аспирантуру философского факультета Ленинградского университета (научные руководители И. С. Кон, В. Г. Иванов). В 1971 году защитил кандидатскую диссертацию «Этическое учение Альберта Швейцера. Опыт критического анализа». Преподавал в Ленинградском высшем инженерном морском училище имени адмирала С. О. Макарова. С 1973 г. преподаю философию и культурологию в старейшем лесном вузе России С. — Петербургской лесотехнической академии. С 1992 г. заведую кафедрой культурологии, социологии и политологии. В 1993 году защитил докторскую диссертацию «Русская культура и Альберт Швейцер». С 1975 г. руковожу научной секцией книги и графики С. — Петербургского Дома учёных РАН.

Избран действительным членом Академии гуманитарных наук, награжден многими медалями, из коих дорогу Пушкинской медалью «Ревнителю просвещения» Академии российской словесности (Москва) и медалью Альберта Швейцера Европейской Академии естественных наук (Ганновер).

Самая дорогая и бесконечно радующая меня награда — дочери Елена (переводчик) и Людмила (художник), внуки Ольга, Сергей, Екатерина, Ирина, правнук Марк. Лелеять их завещала мне жена Ирина Григорьевна (1934–1986), талантливый физик-теоретик.

Нынешняя моя жена Инга Александровна, филолог, доктор наук, профессор. Три главных увлечения с юношеских лет и по сей день украшают дни мои: встречи и дружба со многими замечательными людьми; путешествия (более половины России, Кавказ, Урал, Сибирь, Средняя Азия, Прибалтика; два десятка зарубежных стран); собирательство редких книг и рукописей. Обширную коллекцию рукописей принес в дар Российской национальной библиотеке.

Велимир Петрицкий

Велимир Петрицкий — автор шести книг стихов: Века крепостной. СПб., 1992; Семь моих Я. (Предисловие Вадима Шефнера). СПб.,1998; На перекрёстке. СПб., 1999; Выбор. СПб., 2001; Родник. СПб., 2003; У времени в плену. (Послесловие Бориса Пойзнера). СПб., 2006.

* * *

Какая может быть награда
за то, что послано судьбой?
Остаться лишь самим собой —
иного ничего не надо,
чтоб в судный час сказать я мог
без сожаления и гнева —
я видел землю, видел небо
и всё в душе своей сберёг.

* * *

Ирине Петрицкой

Когда из заоблачных далей
летишь к присмиревшей Земле
и вдруг различаешь детали
пейзажа —
        клубок тополей,
квадраты домов,
        словно фишки
на косо стоящей доске,
и глазу знакомые вспышки
закатных лучей вдалеке, —
тогда только сердце и разум,
к Земле, словно к дому, стремясь,
готовы принять безотказно
извечную с Космосом связь.
Пусть к звёздам дорога крутая,
и скрыты той связи следы,
но видишь, на Землю ступая,
в песчинке частицу звезды.

* * *

В. М. Черкасскому

Уходят люди, словно гаснут звёзды.
Безвестны судьбы трепетные их.
Но Космос и земной прозрачный воздух
пронизаны лучами всех былых
планет и судеб.
            Мир высок и вечен,
он соткан из невидимых лучей,
и в этой неподвластной тлену речи
не различишь, где мой глагол, где чей;
и в этой животворной паутине
таится сила, всех иных сильней:
она одна извечна,
                и доныне
пути планет и звёзд подвластны ей.
Благословен будь тот, кому родиться
и кто выходит завтра из игры!
Я счастлив тем, что в мир пришёл частицей
великой силы, движущей миры.

* * *

Я сжал ладонь. И затаив дыханье,
притих птенец. Лишь частый сердца стук
мне выдавал и жизни трепетанье,
и волю разъедающий испуг.
Живой комочек весь отдался стуку,
он удивлял всевластьем бытия,
и я разжал согретую им руку
и пленника в полёт отправил я.

Лети вослед галактикам бегущим,
от центра разлетающимся вдаль,
отдай себя реке, полям и кущам,
простору и ветрам себя отдай.
Тебе неведомо всеведенье людское,
когда осенним утром у крыльца
внезапно сердце защемит тоскою,
предчувствием вселенского конца,
тщету постигнешь нашей жизни тленной,
и зябко станет сердцу и уму —
мир, как птенец в ладони у Вселенной…
Ладонь сожмётся и — конец всему.

* * *

Опять тревожный дух кочевья
волнует кровь мою и плоть —
я вижу, норовят деревья,
как стрелы, небо проколоть;
сшибаются в горячке льдины,
бегут мятежно облака —
весна сметает все плотины
и презирает берега.
Весна зовёт меня в раздолье
пьянящих рощ, бурлящих рек;
я полон благостною болью,
как первый в мире человек.

ОРГАННЫЙ ВЕЧЕР В НИГУЛИСТЕ

*Только музыке подвластны
глубины и бездны человеческого сердца.*
Бруно Вальтер

Глас трубный — возвещение Суда…
Сорвались грешники со стен
                      и заплясали —
клубок страстей,
               падений череда,
как будто бы не в храме, —
                      на вокзале;
сошлись под сводом жертва и палач;
убийцу к танцу приглашает сводня;
с бесовским хохотом
                      смешался детский плач;
Вчера и Завтра встретились Сегодня…
О, Хаос!
        Ты — начало всех начал,
в тебе — зерно вселенского творенья…
Бах всё предвидел.
                И орган звучал,
как вечный зов надежды на спасенье.

* * *

Илье Пригожину

Я время пробую на ощупь,
я им, как воздухом дышу;
его невидимую толщу
легко я на плечах ношу
и верю, час такой настанет —
сполна проявится родство:
я растворюсь в нём, как в тумане,
и стану каплею его.

* * *

Пусть подобно Анне Карениной
с неизбывным порывом ее,
жизнь летит под колёса времени
и уносится в небытие;
пусть, оставив чины и почести,
незаконченные дела,
мы в немыслимом одиночестве
переходим в иные тела;
пусть усердствует смерть в палачестве,
но исход поединка таков —
возродимся мы в новом качестве,
в новой эре, за гранью веков.
Будут звёзды посвечивать матово
над притихшей, в росинках Землёй,
мы в иных сочетаниях атомов
всколыхнёмся шуршащей травой,
мы дождём прольемся в предночие
и волной на берег взлетим,
мы потомков увидим воочию
и добра пожелаем им.

ТАЙНЫЙ ЧАС

Святославу Рериху

Когда природа трепета полна,
когда во всём таится ожиданье
и робких чувств отверста глубина,
приходит час нежданного свиданья,
тот тайный час свершений и утрат,
когда читаешь в сердце без запинки,
когда готов молиться до утра
траве,
        кузнечику
                и вспыхнувшей росинке.

* * *

Зачем ты, лист, к окну приник,
тебе общенья хочется?
Кленовый лист, ты — мой двойник,
бежишь от одиночества.
Шепчу: «Минуту продержись,
я форточку открою —
влетай и на столе ложись,
теперь нас будет двое.
Отогревайся у огня,
забудь ночные ужасы...
Кленовый лист, ты — пятерня,
распахнутая дружески».

* * *

> *Учиться старости у Гёте.*
> *В. Петроченков*

Истекает время сева,
вечной жатвы близок срок,
и скулит комочек слева,
словно брошенный щенок.
Грудь ладонью я прикрою,
серп стараясь отвести, —
может быть, иной порою
на другом паду пути,
а пока неспешно сею
слово — тёплое зерно:
неподвластно ветровею,
закалённое, оно.

* * *

Твердят, диктует духу плоть,
смиренный дух –увы! — не волен…
Ах, полно, братцы, вздор молоть —
я музыкой сегодня болен.
От суеты несёт волна,
и я тону в бездонной выси —
оркестр пьянит сильней вина,
за фортепьяно — Женя Кисин.
Я невесом. И тела нет.
Скрипичный взлёт, как трепет сада,
и соловьём запел кларнет —
так повелел ему Аббадо.
Концерт окончен. Тишиной
я оглушён и растревожен.
Но музыка всегда со мной,
и плотью дух мой не стреножен.
Пусть смолкли птицы в высоте
и звон заоблачных часовен…
Ведь подступившей глухоте
не сдался яростный Бетховен.

ЮРЬЕВ ДЕНЬ

Позови меня, осень, в дорогу,
помаши на прощанье крылом.
Неизвестное там, за порогом,
и тревога в сердце моём.
Осени меня, осень, прохладой,
на чело своё тучу надень:
мне с минувшим прощаться надо
в Юрьев день, в светлый Юрьев день.
Юрьев день обещает свободу,
жду, как лучшего друга, его —
к самолёту спешу, к пароходу,
чтоб уйти от себя самого,

от сует, нереальных как в сказке,
от бесед, от стола, от забот.
Мне чуть-чуть пониманья и ласки
хоть бы раз, хоть бы раз только в год!..
Помани меня, осень, в дорогу,
помаши на прощанье крылом.
Что найду я за отчим порогом?
Что останется в сердце моём?

СТАРЫЙ БАРОМЕТР

Ликующая медь поблёкла,
и стрелка замерла в пыли,
и сквозь растреснутые стёкла
вы слово бы едва прочли.
Лежал барометр, отдыхая
от засух и внезапных гроз.
Его однажды утром мая
мне показать мой друг принёс.
Освободив нутро от пыли,
мы вставили кусок стекла,
и оба разом ощутили,
что стрелка дрогнула, пошла...
Хмельная от любовной дури,
весна в окно лилась рекой,
а стрелка нам твердила «Буря»,
как будто в бурях есть покой!

ЧЕТВЕРТОЕ ИЗМЕРЕНИЕ

> Не спи, не спи, художник…
> *Б. Пастернак*

Я, каторжник многогрешный,
вновь над столом склонясь,
пытаюсь — опять безуспешно —
взъерошить словесную вязь.
Перо застывает надолго
над каждою новой строкой…
Привычке, велению ль долга
я жертвую свой покой?
Счёт трудным жизненным датам
веду я издалека;
кто знает, быть может, когда-то
родится такая строка,
что жизнь вдруг предстанет как диво,
а в тысячах стёршихся строк
одна засверкает счастливо,
как малый, но мой огонёк…
В ночи осенит озарение
и глаз до утра не сомкну, —
четвёртое измерение,
я у тебя в плену.

ВРУБЕЛЬ

Людмиле Петрицкой

В сиреневых туманах острова
на лунной глади озера лесного,
в чащобе кычет мудрая сова
и слышно бормотанье водяного…
Слились в одно и звуки, и цвета,
застыло всё, как сладостная небыть, —

по озеру плывёт сама мечта,
лилейной белизны Царевна-Лебедь.
Очарованья гордого полна,
плывёт она серебряной пустыней,
и восхищённо ахает волна
и за Царевной следует рабыней...
Извечная земная красота,
не ты ль рождаешь чувства неземные?
Не ты ль мешаешь звуки и цвета
В одной всепокоряющей стихии?

РАДУГА

Всё призрачно и зыбко,
всё словно бы впервой —
и девичья улыбка,
и дождь по мостовой.
Вновь без вина я пьяный
от солнечных лучей;
про дальние поляны
поёт шальной ручей;
с водой мешаясь, солнце
весёлый строит мост
от речки Толоконницы
до самых дальних звёзд.
А город словно замер,
а город словно ждёт,
стеклянными глазами
уставясь в небосвод:
кто дерзновенный самый,
кто по мосту пройдёт.

ЖИВАЯ ИСТОРИЯ

«Июнь сорок первого. Колька-нахал
Лидку в парадной поцеловал».
Надпись чуть видно — закрашена мелом.
Колька был парнем, наверное, смелым.
Дрова штабелями. Бельё на верёвке…
Колька был парень, наверное, ловкий.
Новые Кольки играют в войну,
новые Лидки у Колек в плену.
Старый мотив? Ну, так что же, не спорю я —
двор городской, как живая история.

ШЕЛЕСТ ВЕКОВЕЧНЫХ ТРАВ

Памяти Булата Окуджавы

А, может, прав был Сальвадор Дали,
заставив течь обратно наше время, —
оно всегда уходит вместе с теми,
кто с нами жил и вот — уже вдали…
Их не вернуть… Но с полки книгу сняв,
я раскрываю том не для забавы:
«век Гёте» или «время Окуджавы» —
их речь и плеск волны, и шелест трав,
их пристани — и Веймар, и Арбат…
Течёт-течёт обратно наше время,
и я, живущий, снова вместе с теми,
свиданью с ними бесконечно рад.
Да, Сальвадор Дали, конечно, прав:
Искусству всё подвластно в мире этом —
лети на встречу с мудрецом, с поэтом
и слушай шелест вековечных трав.

СЕМЬ МОИХ Я

Прислушиваюсь чутко
к знакомым голосам —
встревожен не на шутку.
А кто из них я сам?
Вот веско молвит первый:
«Не слушай их, дружок!
Вконец истреплешь нервы —
вздремни хотя б часок».
Но возражает пятый:
«Нашёлся господин!
Дадим отпор, ребята,
чтоб знал: он — не один!»
Зовёт к согласью третий —
мол, все в душе одной,
но не согласны с этим
четвёртый и седьмой.
Такая буря мнений
в душе моей опять…
Наверное, и гений
не смог бы их унять.
Пусть спорят, словно братья,
обиды не тая.
Они все — без изъятья! —
и есть тот самый Я.

ЕСЛИ СУДЯТ ГЕНИЯ

Умберто Эко

Преславный город Падуя,
знакомый до морщин, —
здесь жил, вставая-падая,
великий гражданин;
ему кивали звёзды,
как стало тяжелей, —

на суд неправый отдан
профессор Галилей.
Склонить ли робко выю,
свою тянуть ли нить?..
Ошибку роковую
нетрудно совершить.
Кому-то непонятно,
и тяжек судей взгляд:
«Что? Есть на солнце пятна?
И вертится Земля?!»
Ах! Ереси отрада!
Когда же грянет бой,
и будет ли награда,
вручённая судьбой…
Веками длятся прения,
но к правде не ведут.
Ведь, если судят гения,
напрасен, право, труд.

ЭСТАФЕТА

В неведомом землянам космоплане,
повергшем их в смятение и хлад,
к нам прилетали инопланетяне
шесть с лишним тысяч лет тому назад.
На скалах мы находим их портреты,
руками предков выбитые тут —
в скафандры гости, как в броню, одеты
к ракетам огнедыщащим идут.
«Прощай, Земля! Тебе взрослеть сурово —
растить хлеба и строить корабли,
твоим сынам расстаться с отчим кровом
и улететь далёко от Земли.
Неси наш опыт, словно эстафету…»
Взревели дюзы, заклубилась пыль
и, как салют, над степью сполох света…
А мы гадаем сказка или быль?

21 ИЮЛЯ 1969 ГОДА

Нилу Армстронгу

То сердца моего неравный бой,
когда ступаю я по лунной лаве...
Нил Армстронг, я, как тень, иду с тобой
навстречу неизвестности и славе.
Солёный пот мои глаза слепит.
Вернусь ли я домой, о том не знаю...
Быть может, вдруг шальной метеорит
ударит в сердце, как судьба слепая.
Но не могу я от тебя отстать,
и ты не можешь повернуть обратно —
нет человечеству дороги вспять,
хоть путь познания трудней, чем подвиг ратный.
Тебе твой долг идти вперёд велит
по равнодушно стылой лунной лаве,
и за тобой идут сыны Земли
навстречу неизвестности и славе.

ВЕСНА НА ВЗМОРЬЕ

Сигнал весны за поворотом —
распущенные паруса,
и сеют зельем приворотным,
и в море манят небеса.
Над морем
       ветер,
             ветер,
                   ветер,
как из трубы. Но даль ясна.
И он трубит, что вновь на свете
явилась ярая весна;
что вновь, ломая льды литые,
сметая серые снега, —
Весна, вселенская стихия,
взошла на эти берега.

* * *

О, сколько светлых дум витает,
когда в безмолвии ночном,
внезапно вспыхнув, страсть святая
меня склоняет над столом;
перебираю, словно чётки,
глаголов ряд — ни раз, ни два…
Но не сложить в рисунок чёткий
на ум пришедшие слова;
всё так бестрепетно, бесстрастно…
А ночь-сова стремится прочь,
и я молю, молю напрасно:
«Побудь со мной подольше, ночь!»
…Жизнь укорачивает сроки —
я должен помнить, жив пока,
что мысль, не вложенная в строки,
подобна башне из песка.

Вадим Рабинович

Рабинович Вадим Львович (род. в 1935 г. в Киеве) окончил Московский химико-технологический институт им. Менделеева в 1959. Квалификация по диплому — инженер-химик-технолог. Тема кандидатской диссертации — «Исследование некоторых окислительных превращений пропана на смешанных полифункциональных катализаторах» (1967). Тема докторской диссертации — «Проблема исторической реконструкции донаучных форм знания» (1986) (Алхимия как феномен средневековой культуры. М., «Наука», 1979). Профессор (1994). Работал на хим. заводе и в Институте горючих ископаемых (1959–1967), в ИИЕТ РАН СССР (1967–1982), в ИФ РАН (1982–1992), с 1992 по настоящее время — в Институте человека (главный научный сотрудник). В МГУ читал спецкурсы в рамках направлений «культурология» и «антропология». Член союза журналистов г. Москвы, член союза российских писателей г. Москвы, член международного Пен-клуба и исполкома русского Пен-центра.

Область научных интересов, основные научные результаты: культурологические реконструкции природознания, оккультного знания, исповедальных жанров в европейской средневековой культуре, исследование маргинальных форм культуры, изучение проблем философской антропологии, танатологическое исследование творчества, исследования по философии науки, исследования по философии образования, исследования по истории русской поэзии XX в., исследования по истории русского авангарда начала XX в, проблема языков культур в их взаимодействии, разработка оснований метафорической и визуальной антропологии.

Понимание культуры как диалога культур — исходный пункт культурологического исследования В. Л. Рабиновича. В контексте этой генерализующей идеи он разрабатывает тему «Человек в культуре» на разнообразном материале мировой культуры (исповедальная проза европейского средневековья, русская поэзия XX в., постклассические инновации). Обосновал метод гуманитарного эксперимента, сочетающего нормативную и демонстративную методологию и позволяющего представить культурные феномены прошлого в их живой актуальности при сохранении первородства исходного материала — как синхронно-диахронные образы культуры, суверенные составляющие современного полифонического сознания.

Опубликовал более двухсот научных трудов. Среди основных сочинений: «Алхимия как феномен средневековой культуры», М., 1979; «Образ мира в зеркале алхимии (От стихий и атомов древних до элементов Бойля)», М., 1981; «Исповедь книгочея, который учил букве, а укреплял дух», М., 1991.

Учился в Литинституте в мастерской Ильи Сельвинского; автор книги стихов «Синица ока».

Философы Московского университета,
http://www.philos.msu.ru/fac/history/fmu/rabinovich.html

КАМЕРТОН СУДЬБЫ

Памяти Лины Тумановой

Кто на скрипочке поет,
Кто под дудочку играет,
Кто хореи усмиряет
Тем, что в бубен громко бьет.

Листьев львиный листопад,
Лилий белые лимоны,
Ливней лиры голубые…
Каждый на свое лицо.

Быть самим собою — риск:
Голос мой на Ваш меняю,
Коим слух Ваш умиляю…
Оба-два — на общий диск.

Дуть в одну дуду сообща,
Соучастно и согласно,
Трепеща единогласно,
Коллективно вереща.

Хором — у одной трубы…
Только в этот хор не входит
Нота Ли.
Она выводит
Музыку своей судьбы.

Но случилось:
Нота Ли
Пресеклась на полукрике,
Одеревенели руки,
Звуки в раструбы ушли.

…Мастера! Найдется ль сил,
Хватит ли ума и сердца
Сохранить лицо, но спеться
В хоры стройные светил?!

Наклоните низко лбы,
Тишину перстами троньте,
Шеи певчие настройте
По умолкшей ноте Ли!..

ЛИЦО ЖЕНЩИНЫ

Пламя перца — черный бисер мака.
Алый жар — клонение ко сну.
Вальс танцуем под фанфары марша.
Брейк — под деревянную луну.
Бодрствуем под мерный счёт зегзицы.
Спим под скрежет электропилы...
Но вчера я видел: две девицы
Пили зелен чай из пиалы...
Губы мраморны, а маки жарки.
Только взор косящий — невзначай.
Две румянолицые татарки
Пили из пиалы зелен чай.
Небеса, как синий бубен, гулки.
Золотые — веером — лучи.
Всё в порядке, если две гуцулки
Пьют свои гуцульские чаи.
Марьи, Мариники и Маринки,
Маринэ, Марьяны, Мняваре...
Если две, о господи, грузинки
Пьют своё мацони на жаре.
Всё в порядке. И контрасты сходят,
В мировое закруглясь яйцо,
В час, когда над пиалою всходит
Женщины прекрасное лицо.

ПРОИСХОЖДЕНИЕ БУБНА

Равен самому себе
И проверен в ратном деле,
Бубен полковой в себе
Слушал лепеты свирели.
Зрил: вдоль медленной реки,
Может быть, в районе Истры,
Молодые шли быки,
Не вполне еще басисты.
Бубенцами шли, звеня,
Что играли меж рогами.
Глянцевые зеленя,
Росными цвели звездами.
Пламенел тюльпан-цветок
Под шмелем, гудящим трубно.
Солнца дымный ободок
Отдавал себя для бубна.
Неба голубая жесть
В такт бубенчикам бренчала.
Майским утром, ровно в шесть,
Вспомнил все свои начала.
Так он, старый, представлял
Посреди небес и мая,
Как он, юный, вырастал,
Ничего еще не зная,
Из прекрасного добра
С лентой красно-голубою,
Предназначен для добра,
А назначенный для боя.
Вспомнил. И вострепетал,
Воспротивясь назначенью
Своему… Возлепетал,
Приглашая к примиренью.
Заключив мечи в ножны,
В дула ружей вставив розы,
Стали маршалы нежны,
А солдаты лили слезы.
Их солдат и наш солдат.
От вражды едва опомнясь,

Засмолили самосад
И откупорили емкость.
Маршал их и маршал наш
Трубку мира раскурили,
Оперлися на палаш
И шампанское распили...
Млеко, вересковый мед,
Росы, ковыли, зефиры,
Стада медленного ход,
Ливней золотые лиры...
Жить забвением начал
Или сгинуть при начале?
Сочиняйте по ночам
Розовые пасторали.

ПО-НАД ВОДОЮ

Вода поддакивала «Да»
Моей походке.
И показалось мне тогда —
Плыву, как в лодке.

Или — как по суху сквозь тьму,
Поверх пучины, —
Лишь потому, что есть тому
Свои причины.

Так получилось: что почём
Узнав однажды,
Сам из себя я сделал чёлн —
Простой, бумажный...

И стал бумажным кораблём —
Без мачт и вёсел...
По воле волн — *не* напролом,
А просто весел,

Скользя по выгнутой Луне,
Как Дух свободен,
Не глубине, а вышине
Я стал угоден.

Ночную глубь собой *не* злил
И, безбагажный,
По-над водою я сквозил —
Насквозь бумажный.

И потому воды струи
Не тяжелили
Ещё не взмокшие мои
Ещё не крылья,

Но и *уже не* плавники…
Вслед за судьбою
Несла меня вода реки
По-над собою.

Вверху — мечта, внизу — беда…
Моя подруга
Вода поддакивала «Да» —
Легко, упруго.

СТИХИЯ ВОЗДУХА

Глазные напрягая мускулы,
Как это делал Левенгук,
Я видел воздуха корпускулы,
Не видя ничего вокруг.

И было видимо-невидимо
Безвидных тех первоначал…
Как выяснилось, я, по-видимому,
Невидимое обличал.

И обличил... В пустынной ауре
Теперь не пусто. Там плывут
Шары оранжевые в мареве,
И ангелы им в такт поют.

Плывут, своё имея мнение
Прельщать и тихо искушать...
Но — вскользь замечу тем не менее —
Тем воздухом нельзя дышать.

Зато тот перехват дыхания,
Всеобщего и ничьего...
И это всё воспоминание
О творчестве *из ничего*.

НА ТЕМУ КОЛОКОЛА

Ни дзень, ни дзинь, ни эха в трубе...
Неужели звонарь устал? —
Устал звонарь... Но сам по себе
Колокол клокотал.

А воздух скрипел, как наждачный вжик,
Взвивая за клоком клок.
А один зацепился за медный язык:
— Пожалте на five o'clock!

Но и тогда — не веселил...
Неужели металл устал?
Устал металл... Но из всех своих сил
Колокол клокотал.

Глухо и гулко старая медь
Гасила волной волну,
Как если бы вдруг взревел медведь,
Волком взвыв на Луну.

Просто так, от первой звезды,
Настраиваясь на астрал
И на бескрай полой воды,
Колокол клокотал.

Все обертоны в один сводя
Стон — вкруг литеры *О*…
Это был *я*, *все* выводя
Из этого самого *О-О-О*:

Локон из *колокола* в судьбе
Колечком вкруг *ока* сплетал —
Около омута… О тебе
Колокол лепетал.

ПРЕДИСЛОВИЕ

Трижды вещего гласа сильней,
Было слышно у края обрыва:
Как безумно молчал соловей,
Но бездумно горланила рыба.

Все, молчать от рожденья кому,
И кому распевать от рождения,
Преподав непостижность уму,
Поменяли свои назначенья.

Солнце черным пошло в три каймы,
Гул пошел, как потом отмечали.
Но сомкнутые губы мои
Предпочли, сберегли, умолчали.

И последнее слово за мной
Оставалось. И ныне томится…
Празднословие рыбы немой.
Немота очарованной птицы.

ПИСЬМЕНА

Над манускриптом в час ночной,
Когда над сторонами улиц
Сойдется тьма и схлынет зной,
Под гнетом прошлого ссутулюсь
Над манускриптом в час ночной.
Прилежно воспроизведу
Округлые черты латыни.
И как бы невзначай войду
В миры, исполненные стыни,
В отяжелевшие миры —
Гранит замшелый, мрамор битый, —
Запечатлевшие пиры
И вид пирующего сытый.
Где золото твое, латынь?
Где серебро?.. Каржава проза,
Тускнеющая, как латунь…
Но посмотрите: Крест и Роза
Начертаны внизу листа.
Наверно, розенкрейцер автор.
А за окном шумит листва —
Не нынче вычернит, так завтра,
Свои зеленые слова…

Вся жизнь его вот здесь — мертва.
И все же не дают покоя
Поставленные вкось слова
Такою молодой рукою.
И в кровь они, и в бровь, и вкривь
В минускуле зажаты тесном.
Наверное, владел порыв
Старинным автором безвестным.
Ушедшим в темень языка.
Зато изгиб пера, смятенье
Строки, четыре завитка,
С листа сбежавшая рука
Для общего уразуменья
Вполне достаточны пока.
Наверно, на душе его

В ту пору неспокойно было,
Когда для взора моего
Волненье жуткое явила
Душа. И мне передалось
От букв, поставленных нелепо.
Так всякий раз уходит лето
В осенний день, слепой от слез...

Сшибайтесь, буквы, так и сяк,
Как перволед, ледащ и тонок!
И лишь тогда поймет потомок,
Конечно, если не дурак,
Меня, моей строки излом
В единоборствии со злом
И букв разлад мой с тем и с этим...
Отметим, скажет он, отметим!

НАЧАЛАМ

Реял над поверхностями вод
Некий дух. Он формовал стихию.
Огнь окаменел. А вот, а вот
Распростер крыла свои сухие
Птеродактиль средь горячих скал,
Выросший из мрака пресноводья.
Формообразующих начал,
Первый формалист во всей природе
Был тот мастер. Гул на голоса,
Туф на плиты и слова на строфы
Перекладывай! Вздымай леса
На обломках первой катастрофы!
Продолжай замысленное им!
Уголья подбрасывай в треножник!
Формы жрец. Придумщик и художник,
Рей над бездной, хмур и нелюдим!
Прокатись, как по Вселенной гром,
Грозовым свидетельством истока!
Формообразующее око
В мир аморфный под прямым углом

Наводи... Но ты лежишь, нежна,
Только что проснувшееся чудо.
Дымкой утренней окружена.
Ангел, взявшийся невесть откуда.
Не тебя ли сызнова творить?!
Не тебя ль воссоздавать сызнова?!
Над тобой ли сумрачно парить,
Говорить таинственное слово?!
Пусть как есть. Пусть локон достает
Золотым колечком вкруг запястья...
Ведь не зря же некий Первомастер
Реял над поверхностями вод!

НЕ ОТНИМАЙТЕ

Темной ли ночью, в свете ли дня
Глаз не смыкаю.
Не отнимайте ее у меня! —
Всех умоляю.
Все обходите ее за версту,
Глянуть не смея
На призрачную ее красоту,
Снега белее.
За угол. За полночь. В сторону. Прочь.
Мимо, прохожий.
Все, кто до счастья чужого охочь.
Да и вы тоже.
Потому что глянете — и конец —
Неосторожно.
Потому что уведете ее под венец.
Да и она тоже.
Потому что мысли ее легки, как трава.
В дым. В однолетье.
Потому что говорит она птичьи слова —
Одни междометья.
Что мне осталось? Осталось мне что?
Встать на колени...
Не отнимайте ее у меня.
Не отнимайте!

ПОСЛЕДНИЙ ГЛАГОЛ

Евгению Михайловичу Богату

От первого лица во времени прошедшем
Не представим глагол — единственный причем.
«Я умер» —
так сказать дано лишь сумасшедшим,
Что любят прихвастнуть намного раньше, чем
Свершить глаголом сим означенное дело.
А тут иное все. И бровью не повел.
Отпело. Отжило. Отбыло. Отболело.
Отпеть. Отжить. Отбыть. Но не сказать глагол.
А вот покуда жил, то пребывал я между
Деянием и тем, что им я называл.
Любил и целовал. Но к строкам писем нежных
Целую и люблю всегда я прибавлял.
Я умер, не назвав того, что сам исполнил.
Как птица, как душа, как выдох или вдох,
Как песенка, как рог, что до краев наполнен
Маджари золотым. Или как дай вам Бог.
Но прежде, чем уйти в чистейшее деянье,
Все имена-дела в реестр последний свел.
И перецеловал все вещи мирозданья.
И лишь тогда отбыл в несказанный глагол.

РОДИНЕ

Когда бы связки молодые
Голосовые я имел,
Хрипели б громы боевые
Примерно в тыщу децибел.

Тогда во всю бы глотку зева
Сказал бы:«Не люблю!..» Она
Разбушевалась бы от гнева,
Моя любимая страна.

А после ласково: «Пребуду
С тобой одним, сыночек мой,
И больше никогда не буду
Такой плохою быть страной».

В любви сошлись бы наши взоры,
Взошла бы полная луна,
Когда б имел златые горы
И реки, полные вина.

ГЕОПОЛИТИЧЕСКОЕ,
ИЛИ ЕЩЕ РАЗ К ВОПРОСУ О ПРОЛИВАХ БОСФОР И ДАРДАНЕЛЛЫ

Никогда я не был на Босфоре
И на Дарданеллах никогда.
Не затем ли родина Россия
Очень их старалась получить?

И теперь, в условиях свободы
Путешествий, я останусь здесь,
Чтобы не было до слез обидно,
Что проливы эти не ее.

ЕВРЕЙСКОЕ

Суббота есть суббота:
Священная бездель,
Истомная дремота,
Пышная постель.

Меж тем курьерский поезд
Еврея вдаль несет.
И тут его, как совесть,
Суббота застает.

В душе его тревожно.
Он знал: небес не зля,
По морю в шабес[1] можно,
А по земле нельзя.

Тогда он таз с водою
Любезно попросил,
Ступил одной ногою,
Другую опустил.

В священной книге Торе
На *нет* всегда есть *да*.
«Хоть маленькое — море,
Хоть мелкая, — вода», —

Подумал Лейба Глейзер
Сквозь мыслей колоброд.
А Бог подумал: «Вейзмир![2]
По рельсам, а плывет».
Парчовая рванина,
Мордоворот лица,
Кошерная свинина,
Трефная маца.

ВАВИЛОНСКОЕ

Шолом Алейхем, тум-балалайка,
Ерушалаим…
Черная кошка, белая лайка…
Ле хаим!

Будьте здоровы! Станьте румяны!
Шибче и швыдче…
Брешьте, собаки! Грайте, вороны!
Кошки, курлычьте!

---

[1] *Шабес* — суббота.
[2] *Вейзмир* — и так ясно, что означает этот самый *вейзмир*.

Перемешайтесь, речи и мовы,
Спики и шпрехи!
Как уже сказано, будьте здоровы
В кои-то веки!

Ботайте, кляйте — лишь не молчите…
(В скобках заметьте:
Слово забыли — переходите
На междометья…)

Саксы, гугните! Чукчи, картавьте
На речебазаре!..
Кивком пониманья друг другу потрафьте…
Ле хаим, бояре!

Речи, как реки. Шум Пятиречья,
Гул Бабилона…
Во славу божественной перворечи
Лает ворона.

РЕВОЛЮЦИОННОЕ

Из великих революций
Я отдам признанье той,
Как типограф Альд Мануций
Мир украсил запятой.

Мир был целый и единый
И настолько был простой,
Что как неразъединимый
Не нуждался в запятой.

Так бы пело и сияло
Слово, круглое совсем,
Если бы не состояло
Из прерывистых фонем.

Словно пульс сердцебиенья,
Непостижного уму,
Как дыханье и как зренье
Вот от *этого* к *тому*.

И, вначале не переча
Самому себе же, но
В ток членораздельной речи
Камнем бросилось оно.

В Ниагару вырастая,
Взбился о камень ручей...
Так возникла запятая —
Препиналица речей.
. . . .
Видимо, чтоб *оглянуться*
И *остановиться* чтоб,
Взял и выдумал Мануций
Запятую, морща лоб.

ЧЕЛОВЕК ЗИМЫ

Не весны, не осени, не лета —
Человек зимы...
Чуточку тепла, щепотку света
Дайте мне взаймы!

Но у каждого тепла и света —
Самому в обрез.
Кто отдаст от своего привета,
Оставаясь без?!

Так вот и живу я маломальски...
Не дают взаймы.
Белогривый, сгорбленный, февральский —
Человек зимы.

Но зато, запахнутый красиво,
Млечный при Луне,
И-н-д-и-в-и-д-у-а-л-ь-н-о-г-о пошива
Вьюга-плащ на мне.

МАЛАБАРСКАЯ ПОЭМА

По узкой тропинке, худы и безусы,
Ступали индусы, ступали индусы.

Свисали лохмотья подобьем одежды.
Клонилися долу тяжёлые вежды.

Глаза их чернели, как древние угли.
Короче: индусы шагали сквозь джунгли.

Всем людям из той малочисленной джати
Нельзя убивати, нельзя убивати

Не то что гаура, не то что барана,
Не то что козу и не то что джейрана,

Но мелкую рыбку, но малую птаху
Не ввергнуть случайно в ничтожество страха.

И не раздавить паука-птицеяда,
И не ушибить старичка-медоеда.

И если живое, и если живое
Окажется вдруг под босою стопою,

И это заметит в часы полнолунья
Всевидящий Сакья — всеслышащий Муни,

Всем людям той касты извечное горе:
Ходить по земле им в стыде и позоре,

В позоре до смерти, да и после смерти.
Так мне говорили, а вы уж поверьте.

Шли медленно очень, постольку поскольку,
Нес каждый индус пред собою метёлку.

Метёлка метёлкой. Но пегую тёлку
Водили в обозе они втихомолку.

Секло их прутьё, ибо не было крова.
Но с ними священная — рядом — корова.

И жёсткой метёлкой они подметали.
И тонкими шеями мерно мотали.

Метёлкой в сторонку комашку-букашку,
И бабочку-лист, и жучка-черепашку.

Шаги соразмеря, предвидя заране,
Мельчайшего зверя приняв во вниманье,

Щадили и птицу-малинку лесную,
И даже личинку, еще не живую.

Их мучила жажда. И столбики пыли
Их губы сушили и очи слепили.

Идти далеко им до берега Джамны.
До влаги сухие гортани их жадны.

Но если немножечко им поспешить,
То можно, пожалуй, жука раздавить.

Жука-паука… Но с какой это стати,
По праву какому жука убивати?!

Смешавшись с высокой зелёной травою
Им под ноги сверху бросалось живое.

Но, как говорят Малабарские были,
Они и тогда никого не убили.

Далёко-далече прохладные воды.
Поникли их плечи во время похода.

Зато не скривила их ясные лица
Дурная, ночная ухмылка убийцы.

Лишь сутки спустя, серебром полнолунья,
Привел их к воде поводырь Сакья Муни.

Дошли наконец. И похлебку джавара
Варили индусы в тени Малабара.

И жажду студили Джамнанской водою.
И златоголосо звенело живое.

Звенело и пело на разных наречьях
Во славу прекрасных детей человечьих…

Все живы-здоровы. О, как это мило —
Любить-щебетать средь подлунного мира!

Так вот почему всё живое звенело,
Звенело и пело, и благоговело.

Так вот почему всё живое кружило.
И благо дарило, и благоволило

Безусым индусам с душою дитяти,
Которым нельзя никого убивати.

Евгений Рашковский

О СЕБЕ В ТРЕТЬЕМ ЛИЦЕ...

Евгений Борисович Рашковский — историк, востоковед, переводчик, поэт, религиозный философ, публикатор и комментатор трудов Вл. Соловьева — родился 23 сентября 1940. Коренной москвич. Автор книг и статей по историографии, философии истории, науковедению, религиоведению. Автор двух поэтических сборников.

Собственная философская мысль Рашковского во многом исходит из посылок «философии всеединства» Соловьева — точнее, из ее поздней, зрелой редакции 1890-х годов. Однако исследовательская «оптика» трудов Рашковского существенно сдвинута к области философской антропологии.

Человек, разрываемый в тварном и падшем мiре множеством разнонаправленных и разноуровневых внешних и внутренних детерминаций, так или иначе «присужден к свободе», т.е. «присужден» к личным актам самонаведения и самодостроения во многомерном силовом поле своих оспаривающих друг друга предпосылок.. Человек не самопричинен, но ответствен в своей с трудом обнаружимой, но существенной и непреложной свободе. В этом смысле он отчасти определяет не только самого себя, но и — в какой-то мере — ту движущуюся и проходящую сквозь поколения живую, боговдохновенную и вечно недосказанную текстуру мiра — текстуру, в которую он (человек) вольно или невольно вовлечен. Человеческое Существование-в-Ответе и является основным стимулом как творческой активности в мiре, так и частых в истории моментов глубочайшей личной и коллективной деградации.

Текстура міра (или — по терминологии Рашковского — многоуровневый и исторически изменчивый Міротекст) едва ли «прозрачна», едва ли легко дается интуитивному «схватыванию» или теоретической и художественной символизации. Но непреложна человеческая потребность выразить себя и свой мір в его внутреннем богатстве и — одновременно — в его неполноте и в его многозначном отношении к Божеству. Потребность выразить в глубине чувств, в поступках повседневной жизни или в творческом свершении (а попытки уклониться от них — тоже своего рода «поступки») и определяет собой и смысл, и радость, и уныние, и трагизм как индивидуального, так и совокупного опыта людей.

Е. Рашковский.
21.02.06, Москва.

TRENTA

Пленяли нас болотные огни,
дорогами казались бездорожья,
но даже в эти каторжные дни
сомненья наши были — Словом Божьим.

1969

ПРОСТЫЕ РИФМЫ

ПАМЯТИ ОТЦА

1

Кончина августа — пора осенних дней.
Кому же, как не нам, погоревать о ней?
Без времени конец, без выхода исход, —
и снова в никуда уходит Божий год.
    Уходит без следа
    звенящая вода.

2

И в прошлые года, и в прошлые столетья
осенне-летние играли огнецветья,
но их волною время унесло
    в державинское *вечности жерло*.

3

Природа — при смерти. И, верно, только малость
до расставания и нам самим осталась,
но где-то над собой почувствуете вы
течение времен и вспышки синевы,

4

и всесмывающий поток над головою
всё той же жаркою пронизан синевою,
и в этой синеве — намек, что смерти нет.
В покинутой душе горит осенний свет.

Август 1977

РАЗБОЙНИК

Неделею Крестопоклонной,
от сельской церкви за версту
припомнил драму Кальдерона
о поклонении Кресту.

Моя беда,
моя природа,
с самим собою смертный бой, —
песчинкою
людского сброда
сейчас предстану пред Тобой.

В чаду вскипающих времен
самодоволен муж совета…
Но как поверить в тайну эту,
что я,
пропащий и отпетый,
Крестом Твоим запечатлен?..

Душе раскаяться не поздно,
и голова не дорога… —
И влажен предвесенний воздух…
И дышат темные снега.
И в небе — мартовские звезды.

09.03.88

* * *

Целомудренная, беспутная,
опороченная, неподсудная,
неумолчная, как прибой, —
в отраженьях своих запутанная,
не разгаданная собой, —

благочестная и безбожная, —
сквозь победы и боли прошлого
рвешься в пропасти, рвешься ввысь,
всеобильная, безнадежная, —
        Мысль!

25.06.2000

RHAPSODY IN SILVER

В звуках серебряных,
в ритме ликующем —
мне среди ночи
приснился джаз.
И —
среди всяких
Святых марширующих —
в белом подряснике
видел — Вас.

Шли,
смеясь,
враскачку,
но — важно,
седой шевелюры —
серебряный
шлем.
То ли —
в руках у Вас

было банджо,
то ли —
не было банджо совсем.

Так недоступны —
или так близки, —
то ли топтание,
то ли бег, —
Серафимы,
Терезы,
Франциски —
в сонме
Ваших
родных и коллег.

И —
серебристым
звуком ликующим, —
словно конь
баснословных времен, —
над головами
Святых марширующих —
над головами
Святых торжествующих —
мифологически
ржал саксофон...

26.07.2000

ДЖАЗ

...Не было солнца.
        Декабрьское утро.
Мокрый снег
        и больничный дом.
Помню:
        зеленую робу хирурга,

боль
         и дерево за окном.

Ночью больничной,
         в час неусловленный
белым лучом
         проникла ко мне...
Весь израненный,
         обескровленный, —
целовал
         твои ноги
            во сне...

Как ты додумалась
         мне присниться?
Тело — распластано.
         Сердце — стучит.
Серой громадиной —
         корпус больницы
проплывает
         в бессонной ночи...

08.12.2000 (Больница № 67)

* * *

На раздумье не скор,
         на любовь не скор, —
я прощенья прошу
         у Кавказских гор,
у расхристанных сёл,
         где я жил иль не жил,
у затоптанных
         местечковых могил.

Звенигород, 23.07.01

ПРИЗНАНИЕ

Троечник я у Господа Бога.
Не вышел
ни философом, ни ученым,
не вышел
ни учителем, ни поэтом,
не вышел
ни европейцем, ни азиатом,
ни россиянином, ни евреем,
ни барином, ни простолюдином —
разве что всем понемногу.
Троечник у Господа Бога.
И, может быть, одно мне только в извиненье —
что Троицу возлюбил Пресвятую
во Едином Существе сокровенную,
и, может быть,
краешком глаза
разглядел,
как падает Ее Сиянье
на людей,
на города
и деревья, —
только вот не сумел об этом поведать.
Троечник у Господа Бога.

Звенигород, 20.08.01

* * *

Тебя осмыслить не берусь:
людской заботой не согрета, —
страна отчаянья и света —
Северо-Западная Русь.

Куда же от себя мне деться,
уйти в какие простецы,
когда навек омыто сердце
струистой влагою Тверцы?

В душе спасительны и стойки —
я верю: *смертью смерть поправ!* —
строптивый Новгорода нрав,
закваска набережной Мойки,

и, право, небеса бездонны,
и свет вблизи, и свет вдали,
когда на псковские иконы
закаты красные легли,

или когда в порыве бурном —
дитя полукитайских стран —
взлетает в небо Петербурга
самодержавный истукан.

29.08.01

ФИЛОСОФСКИЙ РОМАНС

> *...как времени бремя избыть.*
> Мандельштам

Ни о чем особо не печалюсь,
не гляжу в заоблачную даль.
Amor Dei intellectualis —
вот какая у меня печаль.

Никому из вас не прекословлю,
но — без воздыханий и проблем —
вся душа — изъедена любовью...
Только не могу сказать, зачем...

Santiago de Chile, 06.10.01

* * *

Я, словно старый Beatle, поверил в день вчерашний.
Вы счастливы с другим, и счастлив я с другой.
Всему своя пора: когда-то были шашни, —
но кончились они — *разлукой вековой*.

Итак, берем судьбу в мозолистые руки:
раскапывать себя, поверьте, не привык…
Но странные дела — сквозь пелену разлуки
мелькнет передо мной и Ваш случайный лик.

И страны далеки, и судьбы непохожи,
но памяти простор — и легче, и светлей.
Я, словно старый змей, ползу из старой кожи.
И — словно старый Beatle — «believe in yesterday».

Santiago de Chile, 14.10.01

ПАМЯТИ ГЕРМАНА ДИЛИГЕНСКОГО

Я загляну к тебе на полустанок,
покуда поезд не увез на дачу,
из рюкзака бутыль вина достану,
да сыру шмат, да колбасы в придачу

и разделю с тобою ужин скудный
в твоем осиротелом кабинете…
Наверное, мы вовсе не отсюда.
У нас прописка — на другой планете.

01.07.02

КАВКАЗ

В какие-то заоблачные выси
Боевики уходят из Панкиси,

Уходят навсегда… И каждый их уход
Оплачен кровью на сто лет вперед…

И предрассветный час так холоден и скуден…
А там — горят леса, и сиротеют люди,

и плачут Ангелы, и рушатся дома…
В дыму не видно гор. Одна густая тьма.

30.11.02

* * *

Марии Батовой

Музыканты слетаются от четырех ветров,
словно черные птицы, — в мороз, на московские святки.
— Гонорарный у нас, поди, не велик улов?
— Не велик. Только наше дело — дудеть да пилить, ребятки.

А потом — в четырех стенах пару дней подряд:
репетиции, перебранки, пиво да разговорчики.
А потом — на эстраде в черном. Молчат. И тихо сопят
музыканты… Да нет, скорей, — любви заговорщики.

А потом — словно провал в безмолвье,
а следом — какой-то нестройный гам.
А потом — как будто рушатся стены…
                    Но миг поклоненья краток.
И разлетаются музыканты по всем четырем ветрам.

И пустеет Москва. До самых будущих святок.

31.12.02

* * *

Когда уходишь в изгнанье —
былое покажется раем…
Давай с тобой Цюй Юаня[1]
как-нибудь перечитаем.

Косноязычная сила —
в песнопениях древних:
не зря их переводила
болярыня Анна Андревна.

Камнем — в поток изгнанья!
Отмыться от грязи придворной…
Ветр*а*ми, травами станем —
строчками Цюй Юаня —
круговоротом страданья, —
правдою непритворной…

03.02.03.

* * *

Рахманинов сказал свою печаль, —
сказал так ненавязчиво, так странно…
Глухие перебои фортепьяно
мне н*а* сердце ложатся, как печать.

В какие только порты не причаль, —
каких винтов не испугает рокот, —
Рахманинов сказал свою печаль.
И лучше бы не рассуждать о сроках,

---

[1] Цюй Юань — древнекитайский лирический и литургический поэт (IV–III вв. до н.э.) Его поэтические ламентации, написанные в изгнании («Лисао»), переводила Анна Ахматова. Одна из черт поэзии Цюй Юаня — поразительное богатство растительных образов.

напрасно не журиться, не пищать
и не роптать, а попросту смолчать, —
и музыка зальет своим потоком.
Рахманинов сказал свою печаль.

…Бреду под мелким городским дождем.
Под зонтиком. И с музыкой вдвоем.

01.07.03.

* * *

Геолог читает книгу земли,
чтоб довременные вести ему принесли —

камни, пески, разноцветные глины,
глыбы базальта, прорывы воды глубинной.

Геолог читает книгу земли.

Подслеповат, но ягодицами стоек,
книгу времен читает историк:

договоры вождей и статистику всяких минувших племен,
всеподданнейшие отчеты и прочие отслоенья времен.

Книгу времен читает историк.

А я — без надрыва и ворожбы —
смотрю, как рвутся сквозь облака световые столбы,

хожу по земле, вдыхаю бензин и травяные настои
и читаю книгу своей судьбы.

Читаю книгу своей судьбы.

А время — сказывают — не простое…

Звенигород, 19.07.03

ПОЭТИКА

Волшебный вымысел поэта,
как мне не думать о тебе?
Судьба судьбу задела где-то,
судьба через судьбу продета
и растворяется — в судьбе.

Ах, эти ритмы, эти строки!
От слез или от рифмы пьян, —
кто был в компаниях высоких
Тадеушей или Татьян,

где притязанья беспардонны
до самого конца времен?
Мы все глядим в Наполеоны... —
В кого ж глядит Наполеон,
самим собою упоенный?..

Сегодня строчки, завтра струи, —
кто не изведал силы их? —
Над бедной перстью торжествуя,
живыми спектрами ликуя,
играет водопадный стих!

Венгрия, Dobogoko, 04.08.03

* * *

Не понимаю, какова причина:
иные горизонты возлюбя,
я не заметил Пико и Фичино
и, стало быть, прошляпил сам себя.

Но в старости всё явственней и проще:
когда живешь и думаешь за двух,
твой собеседник — Бенедетто Кроче,
в себе несущий итальянский дух.

Когда-то — благозвучные игрушки…
Но только лишь войдешь в остаток дней —
и — va, pensiero!² — Батюшков и Пушкин
стократ надежней и стократ родней.

И, тютчевским прозрением ясна,
звенит *италианская весна*.

17.09.03

НА ДВОРЕ – ТРАВА…

Мне перед Родиной — не с руки
   пресмыкаться во мгле.
Самое главное — *жить вопреки*.
   Vivre, понимаешь, malgre!

Через пустыни, через года —
   без алкоголя — пьян.
В сердце — скала… В сердце — вода…
   Хлеб и вина стакан…

Эти непрошеные слова
   в их идиотской игре, —
как на тюремном дворе — трава…
   Vivre, понимаешь, malgre!..

13.02.04

---

² «Va, pensiero sull'ali dorate…» — «Взлети, мысль златокрылая…» — хор пленных иудеев из 4-го акта оперы Верди «Набукко» (либретто Темистокле Солеры).

* * *

Эту ночь она была со мной,
сердце обжигая белизной.

Две лопатки — словно скрытых два крыла.
Ранним утром — улетела... Нет, ушла...

А над городом — на радость иль на страх —
плыло облако о двух больших крылах...

Звенигород, 27.07.04.

* * *

Что за спиною? —
Немощь стихий,
путь по каньонам
скользкий и гулкий.
Но —
иногда
нападают стихи,
словно бандиты
в темном проулке.

Гирькой по кумполу —
и ни зги.
Выпотрошен, изувечен, —
однако —
кто-то мне шепчет:
«Побереги
эти минуты
надежды и страха»...

Украина, село Шевченки, 11.08.05

LA VITA NUOVA

Изгладится вражда «формаций» и племен,
изгладимся и мы, и наше время злое,
и тени наших тел под тяжкою землею…
А что произрастет? Цветущий сад времен?..

Но, может, строй времен воистину таков,
что хрипы и тоску перемогает Слово,
что флорентийский дух и строки «Vita nuova»
перемогают кровь и мелочность веков?

Обушково, 13.11.05

ANAMNESIS

Какой огонь, какое эхо
в сознанье прячется, любя?
В какой бы город не приехал, —
припоминаю сам себя.

Что за предвестье в нас запало,
и как в себя въезжаем мы?
Толпа Латинского квартала,
и Пензы пыльные холмы,

калифорнийские долины
и женский шепот в тишине —
всё неслиянно, всё едино
и перепуталось во мне.

19.11.05

АНГЕЛЫ ЛИМОННОГО ЧИНА…

Люди в этом городе
рождались, любили и умирали,
злобились и прощали друг друга,
и снова злобились и наскоро прощали,
погружаясь в суету и обманы,
и редки были минуты трезвенья…
Но век за веком,
год за годом,
неделю за неделей,
на исходе Субботы,
в навечерие Воскресенья
Ангелы золотисто-лимонного чина
сдавали дежурство
розовым и зеленым своим Собратьям,
и передача дежурства
записывалась в звездной Книге,
в непонятной землянам Книге.
Ибо
не умели читать земляне
звездные литеры Неба,
не умели читать мерцающие посланья
то ли потому,
что в городе этом
сырые рубища облаков
прячут от людей высокое Небо,
то ли потому,
что за злобами земными
разучились мы читать
письмена высоких созвездий,
разучились читать
эти звездные литеры Неба,
и за вечное свое неуменье
мы,
убогие illiterati,
платим отчаяньем
и пустотою.

Минск, 17.12.05

Лариса Матрос

Лариса Матрос, юрист по профессии, доктор философии, писатель, литературный критик. Родилась в Одессе, где закончила школу и Юридический факультет Одесского Государственного университета. Основные этапы творческого пути связаны с Новосибирским Академгородком, где прошла путь от аспирантки кафедры Философии Новосибирского Государственного университета, до зав. кафедрой Философии и иностранных языков при Президиуме Сибирского Отделения Академии Медицинских наук. С 1992 года живет в США, где активно включена, как в русскоязычную, так и англоязычную литературную и общественной жизнь, участвуя в литературных конкурсах, радиопрограммах, конгрессах, конференциях гуманитарного профиля. Неоднократно удостоена почетных дипломов и наград, среди которых «Award of Excellence» (за выступления на Конгрессах в Сан-Франциско, 1996, и Дублине, 2004, проводимых Американским и Кембриджским биографическими ассоциациями), удостоверение Финалиста за участие в англоязычном поэтическом конкурсе в Вашингтоне в 2001 г., Диплом Первой Степени за участие в литературном конкурсе с рассказом «Со слезами на глазах», проводимом Российским Федеральным журналом «Сенатор» в 2005 г., и многих других.

Автор более полутораста публикаций (В России и в США), в числе которых два социологических романа «Презумпция виновности» (США, 2000 г.), «Называется жизнь» (Россия, 2007 год), поэтический сборник «...И жизнь, и слезы, и любовь» (Россия, 1998 год), две книги и более сотни научных и публицистических статей по социальным аспектам современных проблем человека, литературных рецензий, обзоров, очерков, рассказов, эссе.

Член ПЕН Клуба, член Американской ассоциации славистики, один из членов-основателей Центра друзей русской культуры в Вашингтоне, США, и других творческих объединений. Биография Л. Матрос включена во многие биографические справочники, в том числе, *Marquis Who's Who in The World*, Энциклопедию Сергея Чупринина «Новая Россия, Мир Литературы».

ИЗ ЦИКЛА «СУДЬБА, СУДЬБЫ, СУДЬБОЙ»

ТАК СУЖДЕНО

Так суждено — все жить мне у воды:
У моря Черного и рек — Оби и Миссисипи,
Быть может, потому мне снятся корабли
Прекрасные и вольные, как птицы.

Плыву во сне все в разные края,
Гоняюсь вечно там за синей птицей,
Нигде я не бросаю якоря,
Чтобы движеньем вечным насладиться.

Вот прибыла в Колхиду за добром,
Средь аргонавтов смелых и пригожих,
Но тут… с трудом добытое руно,
Шагреневой мне обернулось кожей.

ЗОЛУШКА

— Чего ты желаешь, прошу я, скажи?, —
С вопросом мне Фея явилась, —
Все тут же исполню, лишь только вели,
Ты это сполна заслужила.

— Ну что я хочу: счастья близким, родным…
— О, это и так мне известно,
Могу я исполнить лишь жестом одним,
Мечты твои о сокровенном….

— Ох, добрая фея, посмею сказать,
Что с этим ты чуть опоздала,
Явилась бы ты лет, так, двадцать назад,
Жеманиться я бы не стала.

Сейчас уже поздно об этом мечтать
И бальное платье мне тесно,
А туфель хрустальных мне не надевать,
Ведь в них я едва ли уж влезу…

— О, глупая, глупая, ты неправа,
для Золушек нет у нас сроков,
И наша задача их всех опекать,
Поскольку не так уж их много.

А платья и туфельки чтоб подогнать,
У нас мастеров полны цехи,
И если уж что, то в конюшнях стоят
Всегда запасные кареты.

У каждого времени года есть бал,
И коль пропустила весенний,
Ты веру, надежду свою не теряй
На летний, а так же осенний!

Готовься: появится бальный наряд,
Взмахну только палочкой тонкой! —
Но тут я проснулась, надела халат,
И принялась вновь за работу.

А Фея была не во сне, наяву,
Когда-то давно посетила,
И щедро меня наградила уж тем,
Что Золушкою окрестила!

БЕЗ ОСЕНИ

Где б ни была, в какой бы части света,
Я осень не любила никогда.
Все времена, в любые мои лета
Надежды мне внушает ранняя весна.

Да и в душе я осень не приемлю,
В дождливость — солнца луч заменит мне фонарь,
Я в летних красках скрою осени приметы
И не потороплюсь итожить урожай…

КАЛЕНДАРЬ

Я наводила в комнате порядок
И выбросила старый календарь.
Подумаешь — ненужная бумага,
Забытый прошлогодний инвентарь.

. . . .

Задумайся и осмотрись сначала,
Пред тем, как вешать новый календарь,
Да, жизнь твоя на год еще умчалась,
Пусть год ушел, но сколько в нем начал?!

И потому ты осмотрись, помедли
Все начать заново и все рубить сплеча,
Хоть любим датами все в жизни мерить,
Но даты — датами, а жизнь одна!

В ней все взаимосвязано так прочно,
И не всегда приемлем мой условный знак:
Что обозначить красным, а что черным?
Ведь будни с праздниками спутаны подчас…

И провожая год сей уходящий,
Ты не грусти, что мчатся времена,
Что не успел: критерий ли отыщен?
Он не погонщик, календарь, а твой судья!

ЧТОБ НЕ ПОВТОРИЛОСЬ

А знаете ли, что такое страх,
Непостижимый для душонки детской,
Он словно монстр, подстерегает вас,
И вам не спрятаться, и никуда не деться?!

А знаете ль, как жить среди вранья,
Невразумительного для головки детской,
Когда ни видеть, ни смотреть нельзя,
Все то, что видится — не может не смотреться?!

А знаете, что значит взрослым быть,
Когда так хочется быть в беззаботном детстве,
Не думать, что нельзя, что можно говорить,
Чтобы не быть за что-нибудь в ответе?

Не знаете? — Дай Бог вам и не знать,
Чтоб и во сне такого не приснилось.
Нет ничего губительней, чем страх,
И будьте бдительны, чтоб то не повторилось!

КАЖДОМУ В ЖИЗНИ РАЗ
(ПЕСНЯ НА МЕЛОДИЮ ВАЛЬСА)

Вальс, Вальс, Вальс! Ты меня закружи!
Вальс, Вальс, Вальс! Ты же мне все прости:
Видишь я в юбке клеш, видишь вся трепещу,
Ты подхвати меня, только о том прошу!

Когда меня ты звал, мчалась я от тебя,
Слишком ты медлен был, когда хотелось вскачь,
Больше манил фокстрот, твист или рок-н-ролл.
Знаю, мне не сыскать для покаянья слов.

Ты не смотри на то, что уж не так стройна,
И ты забудь про все, знай, что тебе верна,
Только кружи, кружи, Вальс, и не отпускай,
Я ведь хочу одно, Вальс, — тебя наверстать.

Я не хочу, поверь, юности прыткость вспять,
Так как я лишь теперь тебя могу понять.
Я хочу, чтоб ты, Вальс, голову закружил,
Так, чтобы допьяна и до последних сил!

Вальс, ты ведь так велик, ты через все прошел!
Вальс, заверти, как вихрь, ты мою юбку клеш!
Может, тогда она, крыльям уподобясь,
Сердцу, душе, ногам легкость твою придаст.

Вальс, Вальс, Вальс, ты будешь вечно, Вальс!
Каждому в жизни раз нужен круженья час.
И кто к тебе взовет, Вальс, его подхвати,
И никому, как мне, Вальс, не откажешь ты!

Вальс! Вальс! Вальс! Все побыстрей кружи!
Я не боюсь порвать притяженье земли!
Может, как никогда, нынче хочу порхать,
И в облаках витать, ветром гонимой ввысь!

Вальс! Вальс! Вальс! Все побыстрей кружи!
Как хорошо порвать притяженье земли,
И в облаках витать, ветром гонимой ввысь.
Вальс, ты не умолкай, громче звучи, звучи!

В ДАЛЬ СВЕТЛУЮ

В даль светлую меня ты позови,
Туда, где нету темноты и тени,
Чтоб доброты увидеть вновь следы,
И снова в то, что есть она, поверить.

В даль светлую меня ты позови,
Где и возможно самосбереженье,
Чтоб сердца теплоту не ущемить,
Не укротилось чтоб сердцебиенье.

. . . .

В даль светлую меня ты позови,
Где все сверкает солнца освещеньем.
Ведь Солнце!.. Солнце озаряет жизнь!
И этим озареньем жизнь священна.

ЕСЛИ Б

Если б только могла я себя одолеть,
Если б только могла я себя переспорить,
Я бы ввысь вознеслась, далеко от земли,
Хоть на Марс, хоть в неведомый космос.

Но крюки, якоря держат крепко за мель,
Я сама их старательно там закрепила.
И с синицей в руках лишь могу я смотреть,
Как уносится клин журавлиный.

ИЗ ЦИКЛА «ОН И ОНА»

В ЛЮБВИ

Вот я открою эту дверь,
За нею — счастье без предела,
И что в объятиях твоих,
Себе я снова не поверю.

За что награда мне дана?
Ее достойна ли — не знаю.
В любви безмерной утопаю,
Что это — шанс или судьба?..

НЕ ХОЧУ И НЕ МОГУ

Я не могу Вас полюбить
И не хочу к Вам возвратиться.
Вы опоздали на «чуть-чуть»,
Вы опоздали на полжизни.

На этой половине я
Желаю только лишь покоя,
И не хочу обременять
Себя тернистою тропою.

Быть может, это результат
И вашей долюшки стараний,
Но время не вернуть назад,
Не камень сердце и не пламень.

ИЗ ЦИКЛА «ПОД НОВЫЙ ГОД»

ЕЛКА

Я нарядила снова елку,
Хотя детей уж в доме нет,
Пусть рассыпаются иголки
И на ковер, и на паркет.
Пускай она благоухает
Своею хвоей на весь дом,
Пускай огнями засверкает,
Златым, серебрянным дождем!
Тогда под утро, так как в детстве,
Я, даже не раскрыв очей,
Приду к ней с замираньем сердца,
Чтоб взять, что спрятано под ней.

ДЕД МОРОЗ

Я жду под елкой праздничный подарок,
Еще хочу я верить в чудеса.
И пусть считают то самообманом,
Я не желаю правду разгадать.

Хочу я верить в таинство заботы,
В волшебный мир вниманья и любви,
В умение свернуть порою горы
И даже сказку былью обратить.

О, как нужны вы нам, Деды-Морозы,
Кем ни были б под красным колпаком.
Так хочется, чтобы сбывались грезы,
Хоть раз в году,
хоть в ночь под Новый год!

ИЗ ЦИКЛА «СТРОФА БЛАГОДАРЕНИЯ»

ВСТРЕЧА С ПУШКИНЫМ

Впервые с Пушкиным
                я встретилась, когда…
Неважно, если дата точная забыта.
Но с детства в душу мне запал рассказ,
Внушивший страх разбитого корыта.

И мне не раз, отдам я дань судьбе,
Златая рыбка в сети попадалась.
О мой поэт, спасибо же тебе,
Что и при рыбке я не забывалась.

Ее не заставляла я служить
И потакать всем прихотям, капризам,
Сама стремилась ей благоволить,
Всего сильней боясь…
                разбитого корыта.

И если в жизни что-то удалось,
Благодарю мои уни-вер-си-теты,
И всякий раз молю: «О не дай Бог,
Забыть мне эти вещие заветы!»

ПАМЯТИ ОКУДЖАВЫ

Когда мне невмочь пересиливать грусть,
И сон не приходит, хоть полночь,
Тогда Окуджаву я слушать сажусь
С надеждой на помощь.

Ведь он уж не раз нас спасал от беды,
Падения в бездну отчаянья,
Для нас красоту наших душ отворив,
Нам крылья расправив.

Он нас призывал двери не затворять,
Когда к дому стужа, метели,
Он верил всем нам и сам нас обучал
Доверью, доверью.

Счастливым моментом любви называл,
Другу другу дарить комплименты,
Дежурным по совести был он всегда,
Расцветом Апреля.

Сердца нам лечил, сам же долго страдал,
Боролся он с болью сердечной,
Лекарство, которым он нас одарял,
Служить будет вечно!

ЖИВЕТ НА СВЕТЕ ЧЕЛОВЕК

Живет на свете человек,
Неброский, но с отметиной.
Его избрал двадцатый век
Стать символом доверия.

Он первый был, кто произнес:
«Нельзя нам жить так доле!»
И призывал людей вершить
Достойно свою долю.

Не поняла его страна,
Не понят он народом,
Которому он первый дал
Желанную свободу.

До основанья разрушать,
Затем все строить заново
Привычнее, зачем тогда
Он начал перестраивать?!

И как могли его понять,
Жене что поклонялся?
В стране, зовущей себя «мать»,
Кто с женами считался?

Дотоль безмолвствующий народ,
Стыдись: обретши гласность,
Ты не нашел ему тех слов,
В которых благодарность.

Но драться он за трон не стал,
Достойно встал и вышел!
Любви всемирной пьедестал
Всех кресел власти выше!

* * *

ИХ СЛЫШАТСЯ ГОЛОСА

> Страшно, если слушать не желают,
> Страшно, если слушать начинают.
> Вдруг вся песня, в целом-то мелка.
> Вдруг в ней все ничтожно будет кроме,
> Этого мучительного, с кровью:
> «Граждане, послушайте меня...»
>
> *Е. Евтушенко*

Страшно, если слушать запрещают,
Страшно, если слушать заставляют,
И становишься ты как глухонемой,
Тот, что мыкается в пустоте безмолвной,
Частоколом словно окруженной,
Лжи непрошибаемой броней.

И тогда тех, пусть и одиночек,
Говорят что правду между строчек,
Слышатся повсюду голоса.
Без трибун и разных микрофонов,
Но при том мучительном и с кровью:
«Граждане, послушайте меня!».

ГОВОРЯТ...

Говорят, что хорошо
Там лишь, где нас нету!
Чемодан беру большой
И туда я еду!
Эх, раз, много раз
Я туда поеду.

Вот приехала туда,
Там, где хорошо-то,

Только что-то там не так,
Нет, не так там что-то!
Эх жаль, ох как жаль,
Нет, не так там что-то.

Встречи жду я, (заждалась)
С этим хорошо-то;
«Ты лишь время тратишь зря!» —
Мне воскликнул — кто-то.
Эх зря, ох как зря,
Мне воскликнул кто-то.

— Как же так, зачем тогда,
Стремглав сюда мчалась?!
— Хорошо, где нет тебя,
Ты же здесь застряла!

Чтобы цель свою достичь,
Шлю я телеграмму:

— «Хорошо, мне подскажи,
Где тебя застану?»
Хоть раз, хоть бы раз,
Где тебя застану.

И ответило оно:
— «Эх, глупа ты, кроха.
Ты спроси: что хорошо,
А что-такое плохо?

Лишь тогда меня ищи,
Когда все поймешь ты,
И в критериях своих
Сама разберешься....»

Хорошо есть, говорят,
Там лишь, где нас нету.
Собираю чемодан
И туда я еду!
Эх раз, еще раз,
Я туда поеду!

Игорь Крюков

Игорь Борисович Крюков родился в Москве в 1949 году. Закончил философский факультет МГУ им. М. В. Ломоносова в 1974 году. С 1975 года преподает философию в МИФИ. Кандидат философских наук. Защитился в 1986 году. Тема — «Принципы вычленения объекта практической деятельности».

Игорь Крюков исповедует традиционный взгляд на философию как на область духовной деятельности, существующей, в первую очередь, в виде приват-доцентских курсов в высшей школе. Хайдеггеровский взгляд на философию как на философствование находит здесь своё подтверждение. Поэтому и реализуется он именно в курсе лекций, т.е. устно. Уже много лет Игорь Крюков читает историю философии под углом зрения проблемы автономного существования т.н. «общих идей» и со временем собирается издать учебник. Стержневой, в данном случае, является мысль о фундаментальном праве философских общих — в платоновском смысле — идей на нереализуемость, в чём, на его взгляд, и состоит истинный смысл философского (метафизического) знания.

Другой сферой интересов является философия права, курс которого Крюков тоже в данное время разрабатывает. Отсюда и проводимое им деление философии на метафизику, т. е., по Аристотелю, знания ради знания и просто философию как область непосредственного применения метафизического знания — некоей конкретно-авторской теоретической модели мира, учитывающей всё многообразие сфер духовной деятельности от науки до искусства и опосредующей связь метафизики с реальным бытием.

Стихи пишет с давних пор. Было время, когда участвовал в работе литстудии Игоря Волгина.

ЛЕДОСТАВ НА ОКЕ

А над Окою и небо такое,
что невдомёк, отчего неспокоен,
тлен ворошу костерка.
А по Оке вперемежку с шугою
кадрами плёнки, отснятой рекою,
денно плывут облака.

Видится город — да берег не этот.
Там до сих пор то счастливое лето
— миг меж трудов и забот.
Вот бы туда... Мне ли верить приметам,
мифам, истлевшим и новым заветам?
— Я не Орфей и не Лот.

Сизый ноябрь. Тянет дёгтем от лодки,
брошенной некогда. Этой находке
года четыре на дцать.
Да невезенье... Простуженной глоткой
взлаял буксир... Путь до цели короткий,
разве рукой не достать.

Перетерплю... Коль чапыжника нети
не превратятся в словесные сети,
скроюсь в объятьях лесных.
Так повелось, что всегда на рассвете
люди уходят, рождаются дети,
реки встают до весны.

И...CAR

Ощущение нежелания,
строк ленивых невыживание
— суицид дождевых червяков...
По откосам погосты дорожные.
Не прощупать под тонкою кожею
льдинок утренних пульс ручейков.

То, что было бедой, стало позою
дур дебелых — берёз грязно-розовых,
прямо в лужи сошедших с лубка.
Вольво с явно нордическим норовом
вслед кричит… Побожусь неверморово
с дураком не валять дурака.

Газ до пола, дороги сумятица…
Дело ясное — тянется пятницей
по шоссе перекатная голь.
Обошлось пустяками — не нарами
— парой крыльев, разбитыми фарами…
Лишь в лопатках невнятная боль.

ГАДАЛКА

памяти Геннадия Шпаликова

Дебаркадер на реке,
борт в кольчужке из покрышек,
и бельишка не излишек
— вточь флажки на ветерке.
По-простому, поплавок
— островок заботы вдовьей.
Для меня ж давно не внове
правый окский бережок.
— Ты канатик чальный сдай,
приюти меня сегодня,
погадай, вдовица — сводня,
мне на прошлые года.
Жил, как будто с кондачка —
вспоминать легко и больно.
Как сургуч сбивали, помню
— вилкой с горлышка сучка.
— И послевоенных вдов
тех, что, отгорев в печали,
мужиками величали
малолеток-пацанов.

Погадай мне, где они
— загорелы и безусы —
что не праздновали труса.
в буднях уличной войны.
Где любовь моя, скажи?
— Мир извивов и излучин
и незагорелый лучик
в бездне коммунальной лжи.
— Что молчишь? — придвинь рюкзак,
на сухую не годится…
Льётся водочка — водица
— вдовья горькая слеза.
…Вечер бакены зажёг,
дал отбой гудком лужёным.
— Не сберёг, их, бережёных,
прежней жизни бережок.

ИЗ ЦИКЛА «АПРЕЛЬСКИЕ МЕТАФОРЫ»

* * *

Нехитрая ложь
приглашенья на чай
меня привела в этот дом.
Ты спичкой чиркнёшь, станет руки свеча
собачьим лизать языком.

— О чем мы? — ах, да:
открывается дверь —
с весны начинается путь.
Стекает вода,
работяга-апрель
смывает житейскую муть.

Отмерится ночь,
коридорную тьму
разрежет полоской рассвет.
Соседская дочь
заведёт кутерьму,
кофейник поставит сосед.

Дверного замка
в коммунальной глуши
поспешно взведётся курок.
Как выстрел:
— пока…
Но оставшимся жить,
что мёртвы они,
невдомёк…

1975

ВОРОНЫ НАД КОЛОМЕНСКИМ

Вороны над Коломенским
колодезною тьмою.
Деревья, как паломники
на паперти, — толпою.

С поломанными ветками,
но всё ещё живые,
целуют стены ветхие
по-прежнему святые.

Но листьями разбросаны
— без сожаленья, просто —
и безрассудно розданы
их поцелуи росам.

Меж них ступаю бережно,
во сне не брежу Меккою.
— Ах, поцелуи нежные,
и подарить вас некому.

1971

ИЗ ЦИКЛА
«ГЛАГОЛЫ НЕОПРЕДЕЛЁННОЙ ФОРМЫ»

***

Сложит крылья мимоза.
— Мимоза ли?
Синий март
  — откровенье и стыд.
Обернётся ль берёзка
  — берёзою,
устоят в половодье
мосты?
Я держусь за них
  — не за соломинку
из символики
с суффиксом «к».
— Не дай, Бог,
оказаться паломником
у живого, как боль,
родника.
— Не дай, Бог,
спутать правду и вымысел,
ту же боль полюбить
напоказ,
чтоб незрячими дети
не выросли
рядом с нами.
— Не глядя на нас.

1986

* * *

Л. Б.

Звук кукурузника над лесом…
Дремотный полдень, летний зной,
шмель в полинялых занавесках,
пропахших хлоркой и сосной.
— Казенное скупое детство,
почти сиротство. — Слышишь, мать, —
в сыновнии права наследства
пришел черед и мне вступать.
Я получаю шелест книжный
— звучанье поступи веков,
горбушку с маслом, запах пижмы,
мир саламандр и жуков,
впрок сбереженную косынку,
икону в тусклом серебре,
набор открыток, ради сына
— любовь, убитую в себе.

2002

ЯРОСЛАВ СМЕЛЯКОВ

А. Г.

Шалый месяц-январь
всё раздал от сугроба до крыши.
У зимы на краю —
снегириною стаей рассвет…
Я спокоен — как встарь,
кто-то крестиком-лапником вышил
путь-дорожку мою
по февральской белёной канве.

Я читаю меж строк
потаённых дорог и болотин.
Мне обещан не рай,
а лесов королевская рать.
Упаси меня, Бог,
от прохлады больничных полотен,
на которых февраль,
подышав, оставляет печать.

2002

МЕЛИХОВО

С. Ш.

Сырых лопасненских лесов
непроходимое овражье, —
ковчег сторожких лис и сов,
котёл опары горькой, бражной —

для нас ты дом и лабиринт…
Не заплутавши, между делом, —
попробуй сходу набери
в иных местах корзинку белых!

По бережку приди сюда,
к болоту протори дорожку
и верно, но не без труда
найдёшь и клюкву и морошку.

Здесь забываешь про часы…
— Ну, вот и заблудились. Скверно!
Сверкнуло… — Капелька росы?…
Шагов знакомых шорох мерный.

Сухой и ломкий бересклет
плодами скупо приукрашен...
— Ау! — И сдержанный в ответ
Антона Павловича кашель...

2002

* * *

Кошка с бантиком,
сиянье
стеариновой свечи...
Происходит ли молчанье
от веленья — помолчи?
Ты со мной? Тепло и холод
— избавленье от морщин.
Чтоб уйти
— не нужен повод.
Чтоб остаться
— нет причин.

1993

СОЛИГАЛИЧ

Ты оставишь вопрос без ответа,
под сиденье задвинешь багаж,
и, сойдя на перрон, канешь в лето
— в подходящий сезон для пропаж.

Будет в поле картошка без соли,
но солёному поту подстать
станет копоть вокзальных бессонниц
чуть припухшие веки щипать.

Где-то, может под Чухломой, вспомнишь
понедельничных истин глаза,
но леса, окаймлённые вспольем,
мхом укроют дорожку назад.

И однажды в соломенной прели,
в перекрестии пыльных лучей
чьё-то слово кольнёт и согреет
— ты забыт, ты один, ты ничей…

2003

МАСЛЕНИЦА

Длиннее день на воробьиный
хвост,
но голубее тень,
но звонче брызги смеха.
Под медною сосной
оплавлен воск
чуть подкопчёного слежавшегося снега.

Не оттого ль подёрнуты дымком
кокетства угольки,
икорка, блюдец лица
и горка из блинов…
Но в горле ком,
и мне не двадцать,
и в руке синица.

2003

ИЗ АЛЬБОМА ПО РИСОВАНИЮ

СНЕГ-ХУДОЖНИК

Ну, вот угомонился сам
и всех нас успокоил снег,
придав законченность лесам
и берегам застывших рек.

Но прежде, чем ему уснуть,
он небо высветил до слёз,
сгустив его голубизну
графитной дымкою берёз.

К ночи наличника багет
сплотил с подрамником окна,
и нахлобучил свой берет
на баньку, что тепла полна.

Поскромничал — в углу холста
не видно подписи ничьей. —
Её весной поставит там
самонадеянный ручей.

2002

ВОСПОМИНАНИЕ

Как старый друг в хмельной печали,
в напрасных поисках плеча
качался катер у причала,
на прочность пробуя причал.

И, мат перемежая смехом,
под прибаутки и плевки
матросы пеленали кнехты
восьмёрками сырой пеньки.

Стал берег строже очертаньем,
когда народ, на сборы скор,
под крики чаек ручейками
стекался с невысоких гор.

Прощанья мелкие глоточки,
набор обыденных примет —
гармошка, стопочки, платочки,
да наспех собранный букет.

— Всё та же Русь! — Как хочешь даты
тасуй, ложатся на кону
то встречи с привкусом утраты,
то проводы — как на войну...

ДЕКАРТ

А. Ларионову

Слежится, слижется, сомлеет,
как послемасленичный снег,
моё вчерашнее сомненье,
в том, что помыслив, не изрек.

И март, заявленный на карте
вин, дозволяемых Постом,
тотчас напомнит о Декарте —
столь же прозрачном и... пустом.

Велик соблазн картезианства!
Блажен, кто смуту превозмог
и понял, что живёт в пространстве
заполненном, а сбоку — Бог.

Но всё ж с познанием до точки
ты сопоставить поспеши
врождённость тополиной почки
и неевклидовость души.

Сумей услышать в птичьем гвалте
мелодию небесных сфер —
и вместо Марта выйдет — Мартин,
взамен Декарта — Хайдеггер.

ЮРИЙ КАРЛОВИЧ ОЛЕША

Залоснится очевидное
копьецо карандаша.
Со стекла пыльца графитная
— не стечёт, как соль с ножа.
Слово начисто отточится.
Восковою стружкой ложь…
— Жил на свете с редким отчеством,
как у принца, бывший бомж.
На замоскворецкой улице
— раз, по-чаплински смешон,
наблюдал он, как рисуется
мир простым карандашом.
Как меняет геометрию
на глазах узор берёз,
как охватывают петлями
птицы трепетных стрекоз.
Как прищурясь, солнце пялится
на себя в кристаллах крыш.
— Над Лаврушинским и Пятницкой
не захочешь, — полетишь
— налегке, с одною книжицей…
Благосклонней небеса
к тем, кому, бывает, пишется
на века — за полчаса.
— Так он думал, шляхтич писаный,
бог безделиц не у дел,
и, взглянув на небо пристально,
неожиданно взлетел.
Да направившись, как водится,
прямиком к Москве-реке,
это дело вспрыснул водочкой
— сам с собой, накоротке.

С той поры он между тучами
— видели — не раз летал,
незлопамятный, как Уточкин,
гордый, как Лилиенталь....
Как бы мне, когда усталая
от разлуки кликнет мать,
рядом с ним вот так — шагалово
— над Москвою полетать!

ЛЮБКА

Алексею Ишунину

Пахнет берёзовым веником
роща в полуденный зной.
Бьют по плечам можжевельники,
тянется шлейф смоляной.
Шаг — и спадает с купальницы
жёлтый прилипчивый шёлк.
На наготу её пялится —
по-допризывному — полк
бритых под нуль одуванчиков...
То-то, и есть, что ничей —
из разбежавшихся зайчиков
не соберётся ручей.
Лес не откроет из милости
душу, хоть чёрта зови. —
Без близорукой наивности
не распознаешь любви.
В пору бессонную, праздную
соком томится осот,
полнится дягиль соблазнами.
Троица. Любка цветёт.

ВЕСЕННЕЕ НАВАЖДЕНИЕ

А. Денисову

Ясней на пашне полосы,
но все ж и по весне
путь по лесу, как к полюсу —
всегда по целине.
Ни вешки, ни тропиночки.
Диктует строго март:
нет валенок — в ботиночках!
Шаг влево-вправо — мат!
Губа слегка присолится,
прижжет, как йодом лёд...
Весенняя бессонница
покоя не даёт.
Весенняя нелепица —
под горький дым ольхи
не слюбится,
так слепятся
из ничего стихи.
Глоточком не из лужицы
поставлю точку — и
вмиг крылышками сложатся
бумажные клочки.
И оживут орешники,
а с ними до поры —
ольшаники прибрежные,
далёкие боры.
Когда ж дойду до станции,
от вымысла *творца*
останется на пальцах лишь
чуть влажная пыльца.

2003

БУНИН

Город изморозью оцинкован.
— Как от *стеночки*
новый целковый, — переливчат, как шелком шитьё —
нам навстречу под горочку катит...
Нищим — много, чтоб выпить, — не хватит...
Да не впрок на морозце питьё.
По московской зиме — по охотной,
блинномасляной и беззаботной
пробираемся из дому в дом.
Ковыляя побежкою крабьей,
поскользнулись неловко — по-бабьи
и, как дети не сразу встаём.
А к ночи на авось — не иначе —
мы махнем, как шальные, на дачу,
след оставив на снежной нови.
Чтобы нас разбудило погудно
понедельника чистого утро
на закате попутной любви.

В ДЫМНОЙ ПАДИ ЯНТАРНОЙ ЗАРИ...

А. Шаргородскому

В дымной пади янтарной зари,
в воске наледи возле колодца
лишь слегка поборись и замри
смятой мошкой, музейным уродцем.
Хочешь выстроить свой мавзолей,
как улитка? — Клин выстави клином
и себя по макушку залей
— лучше спиртом, а — нет —
формалином,
или, может, — бальзамом души,
что сулит прихотливую смежность
вожделенных плодов за гроши,
— огуречною жидкостью «Свежесть».

Если вдруг подберется с утра
тусклым светом туннельная стужа,
милосердья скупого сестра,
или — кто там? — спасет твою душу
от причастного к списку грехов
— вопреки трафаретному мненью —
баловства сочиненья стихов
— бесполезнейшего из умений.
Вы на кухне накроете стол,
Петьку кликнете — бывшего вора.
После первой затухнет костер
необыденного разговора.
Пиджачишко на голых плечах,
выдох, выстрел и соколом — следом…
— Лучше способа нет помолчать,
чем с утра похмеляться с соседом!

НЕ ПРЕВОЗМОЧЬ НЕПРАВОТУ…

И. Г.

Не превозмочь неправоту,
съев на двоих лишь
ложку соли…
Вчерашний друг — сегодня — труп,
насельник сумрачной юдоли.
Там: крик «*Ату его, ату!*»,
блазнит доступностью добыча,
проходит жизнь, как на посту
— взгляд насторожен и набычен.
— Друг словарей забытых слов,
простых решений,
четких правил,
хулы,
посланий
— их числом
гордился бы апостол Павел.

Подняв упавшую в цене
хоругвь,
— неистовый мессия,
он все нудит о судном дне,
бренчит *веригами* России...

На клич сбивается братва,
шумит хмельное панибратство
и пьяно скалбится Москва
поддёвочным охоторядством.

ПОЛЕНОВО

По сезону мокнут крыши
— год не лучше и не плоше.
Осень мне в затылок дышит
— рыжая шальная лошадь
Лишь на миг опережаю
стук копыт, что рядом где-то
выбивают из скрижалей
звук в тональности паркета.
Гул сухих когда-то досок
неглубок и несозвучен
плеску весел, стону до сих
пор несмазанных уключин.
Берег зримый и изустный.
Как всегда рекордный, листьев
урожай. Тепло и грустно
от прикрытых пеплом истин.
Я когда-нибудь устану
и вернусь на этот берег
— промежуток, полустанок,
обретенье и потеря.

Татьяна Аист

Аист Татьяна Геннадиевна (Татьяна Сторч) — поэт, переводчик, доктор наук, профессор китайской философии и религии. Научные статьи публиковала под именем Татьяна Комиссарова.

Родилась 22 сентября 1956 в г. Ленинграде, Россия. Отец — инженер-строитель ленинградского метро, мать — специалист по японской культуре. Окончила Восточный факультет Ленинградского университета. Работала в Институте Востоковедения Академии наук, в Итальянском институте Востоковедения в Риме (1990–1991), сотрудничает с Институтом тибетологии и буддологии в Вене, Австрия. Читает лекции по китайской философии и литературе в Пенсильванском и Колумбийском университетах, в Институте Китая в Нью-Йорке и др. Член переводческой секции Союза писателей России.

На Западе с 1989 г. Живет в Калифорнии, США. Преподает в Пасифик Университете. Владеет двенадцатью языками, в том числе тибетским, санскритом, классическими и современным японским и китайским. Опубликовала более ста статей и книг по истории и философии буддизма, конфуцианства и даосизма, а также по практическим аспектам восточных самотренировок, таких как дзен, цигун и хатха-йога.

Автор книги стихов «Китайская грамота» на русском, английском и китайском языках (1996), а также опубликованного цикла стихотворений «Япония под снегом» на русском, английском и японском языках. Печатается в периодических изданиях: «Встречи», «Побережье», «Новый журнал», «Новое русское слово» «Филадельфия» и др.

ИЗ ЦИКЛА: «КИТАЙСКИЕ МЕЛОДИИ»

* * *

Сколько опало цветов
За ночь в моём саду!
Выйду из спальни пустой,
Стою, и чего-то жду.
Скоро конец весне.
Тоска не уйдёт никуда.
Память мне заменила всех.
Даже саму себя.

* * *

Я запрягу в колесницу
Шестерку могучих драконов,
Так! Я покину столицу
Безысходных плачей и стонов.
Выше ветра взлетают драконы мои,
Я свободна, свободна от мира земли!
Эта жалкая доля людская,
Эти шесть земных направлений,
Для меня Памир — придорожный камень,
И тайга — пучок придорожных растений,
Выше неба умчались драконы мои,
Там свобода,
Свобода от мыслей земли…

ИЗ ЦИКЛА «СТИХИ О БЕЗВРЕМЕНЬИ»

* * *

Не подарю тебе город.
Ни этот, ни тот.
Ни тот, в котором соборы
Упёрлись в загадку ворот.
Ни тот, где Лоренцо в фонтаны
Нежнейших вложил черепах.
Ни тот, где пока ещё рано
Улыбки считать на губах.

* * *

Глохнет день в своем собственном шуме,
Слепнут стены в своей белизне,
Нева в своем каменном трюме
Качает траву на дне.
Ближе всех к небесам голубым
На гербах медведи и львы,
И, как дикое стадо бизонов,
Ходят голуби на газонах.

* * *

«Стабат Матер» детский хор
Утром пел в пустой квартире,
Свет ложился на ковёр
Полосой, всё шире, шире,
Ясно в этой полосе
Точки чёрные бежали,
И в Одно смотрели все,
Словно лица в кинозале.

* * *

О, безумие! Снова и снова
Незнакомку искать в снегах!
И, знакомое слыша слово,
Вновь на снежных сгорать кострах.

Этот город рожден для метели
И для гибели многих сердец,
Страшно движутся чёрные ели
И несут свой белый венец.

Их навершия — словно храмы,
Из древесной густой темноты,
Выгоняемые стволами
Вместо пестрой земной листвы.

* * *

Вы начнете мои тетради читать,
Потом, когда я умру,
С чувством — «Боже! Живут же и там!
У заехавшего в Кострому.
Я знаю, что я поживу —
Теперь уже вашим трудом —
Когда, чтобы век воскресить по ножу,
Мы с вами вместе прочтем
Наскальный реестрик дел
Желавшей признанья души
Не больше, чем бык, оставляющий след
На камне в Тувинской глуши.

* * *

Бог свидетель, я и не спорю
За сиянье судьбы золотой,
Я себе никогда не присвою
Королевский синтаксис твой,
И образность случайная моя,
И мир мой небогатый,
И весь мой дар — что я была,
Что я была когда-то.

* * *

Ни богатые мы и ни бедные,
Мы ни скупы и мы ни щедры,
Ни бездарные мы, ни умелые,
Ни трусливы мы, ни храбры.
Ни веселые, ни несчастные,
Ни активные, ни безучастные,
Ни корыстны, ни чистосердечны,
Ни серьезны мы, ни беспечны.
Есть у нас всего понемножку:
Секса, музыки, книг, любви,
Когда жарко, мы любим окрошку,
Когда плохо, пишем стихи.
Когда нам не дают квартиру,
Мы бунтуем, и мы честны,
По ночам на черные дыры
Мы глядим и жуем с тоски.
Не берем, потому что не можем,
Не противимся: «А зачем?»
Никому до смертного ложа
Не поверим… И верим всем.
Верим в то, что есть жители рая,
Верим в то, что у нас тут — ад,
Верим в то, что соседка Рая
Нам достанет к столу сервилат.

«Ах, мы бедные! Нас обманули!
Но не станем же мы воровать…
Как бы сесть сразу на два стула?
Или… в чужую кровать?…
Ничего мы такого не знаем.
Не за нами, за вами пришли.
Мы французский замок закрываем —
Три насечки и две петли».

* * *

Великого князя Сергея
На Пряжке стоит дворец.
Становится сразу теплее,
Если гулять в декабре
С «маленькой» водки в кармане,
А как подойдёшь к крыльцу —
Так сразу продлишь ожиданья
Мёрзнувших там, на плацу!

* * *

Уже в июле листва устала
На ветках сада молчать и жить.
Уже в июле она не знала —
Кого за радость благодарить?
В ней стало биться — сильней, сильней,
Что даже птицы ушли с ветвей,
В ней стало рваться — вот-вот, вот-вот
Мир захлебнётся моей листвой!

* * *

Вот тишиной и зеленью над рынком
Сменился гул, и стало — гладь.
В душе открылась полая тростинка
Другую жизнь впивать и воспевать.
Соткалась гладь из пёстрого расклада
Людей в тени, услышавших — «Втяни
Ноздрями звук божественной прохлады —
И это всё, что у тебя в груди!»

* * *

Как светел твой дом, Господь!
Хоть давно он оставлен тобой.
Куполов твоих синяя гроздь,
Белый, как ствол, собор.
И качает, словно кадило,
Тополя перед входом ветер,
И вера не прекратилась,
Пока зацветает клевер.

* * *

По сумраку невских дворов
Ступаю в белых носках.
Земля тяжела, как творог,
Тропинка в кустах узка.
У входа в подъезд — площадка
Как берег пруда пуста,
Потрясённая страшной догадкой
Темноты в глубине куста.

* * *

ЦЯНЬЛУНСКИЕ СТРАДАНИЯ

1

Глубока тень зеленых кленов.
День и ночь там болтают иволги.
Глубока тишина в моем доме.
Здесь нет никого.
Такой длинный весенний день.
С белоснежной ширмы слетает
Золотой фазан, и мне кажется,
Что он танцует.
Тихо.
Только дымится
Свеча позади ширмы.

2

Мне не с кем выпить этого вина,
Но, как янтарь, под ним фиал искрится!
И не успею я дойти до дна —
Вся сила прежних чувств возобновится!
Но тут же ветра стон и капель звон
Разрушат этот сладкий сон.
Так камфара теряет благовонье,
Так золото тускнеет в темноте,
Так в мире исчезает благородство,
Так ночи уступает день…
О, сколько лет вставать с пустого ложа!
Курильница стоит… пустая тоже…

3

Когда наступает ночь
И нежится в дымке луна,
Я вспоминаю — точь в точь
Такой же была весна,
Когда мы любили друг друга.
Это было в первый и в последний раз
В моей жизни.
Тихо.
Кругом никакого движения.
Рукава моей шелковой кофты
Превратились в лед
От пролитых слез и холодной ночи.
Только ветка яблони
Без листьев,
Но вся полная белых цветов
Машет мне как небесный дух —
В одной груди
Нету места для двух.
Закон вселенной — каждый
Приходит один
И уходит один.

4

Оттого что мы переполнены чувствами,
Мы стали совершенно бесчувственными
В жестах, словах, и даже взглядах.
Пьем, едим, прощаемся,
И друг на друга даже не взглянем.
Но вся наша боль и весь наш кошмар
Горят и пылают за нашей спиной:
Как будто из ада
Дым над прощальной свечой —
Черный и едкий —
И редкие
Крупные слезы текут
По лицу свечи.

5

Садовая горка в дымке летучей.
Свет золотистый гаснет.
Пудра как снег и косы как тучи —
Все в ней прекрасно.
Чуть шевельнет прелестно и лениво
Едва прочерченные брови-мотыльки,
Втыкает в волосы себе неторопливо
Фазаньи шпильки, волны-гребешки.
В двух зеркалах — налево и направо —
Дрожали отраженные цветы.
Перед цветами, отражаясь, трепетала
Двойная встреча равной красоты.
О, новый цветной платок
И кофта на тонкой подкладке!
Парой мы были с тобой,
Как две золотых куропатки…

6

Сердечки цветов желтеют
Прямо на склоне холма,
Нежные, милые взоры
Скрыты за шелком окна.
Время свидания было
Бурным цветеньем пионов,
Время разлуки с милой
Пришло оно скоро.
В шпильках ее темно-синих —
Пучки золотистых нитей,
Бабочки с кончиков шпилек
Летят от ее шажков…
Кто до конца изведал
Тайну любовной жизни?
В лунном сиянии ветка,
Полная белых цветов!

* * *

О, глухое заросшее время!
Зелена трава мелкотемья.
Виноградом судьбы увитый,
Деревянный забор несобытий.
Как во сне мы над крышами ходим
И мосты голубые наводим,
Руки в воду Невы опускаем
И шевелим упавший камень.

* * *

Мой двор пустынен, но дыхание весны
Так глубоко в нем, что само влетает в сени.
Я не снимала шелк над входом, но густы
И ярки дня на этом шелке тени.
А я молчу о счастье и надежде,
Я лишь рукой касаюсь лютни нежной.
Из дальних гор, от их хребтов неровных,
Точатся сумерки, и угасает день,
И сумерками воздух обескровлен,
И сила дня слабеет в темноте.
Но утешенье бед моих со мной —
Цветущей груши блеск над головой!

* * *

Завяли лотосы в пруду, поникла ряска,
Повсюду запах осени сильнее.
Мне стала широка моя рубашка,
Я стала легче листьев орхидеи.
Цветы цветут, и им никто не нужен.
Река течет и ни о чем не плачет.
Жена зачем да не живет без мужа?
И лебеди о чем друг другу ячат?

И эту боль не сделаешь слабее,
Ведь ход времен ей тайною порукой —
Чем больше наши волосы седеют,
Тем нам страшней становится без друга.

* * *

Назову это просто, отвечу прямо —
Мне всё равно о чем.
Мне безразлично чем сбыться — плечами,
Песней, ребенком, сном.
Я знаю только про тайну слиянья
Того, что во мне с тем, что там, за окном.
То чаще, то реже бывают свиданья.
Но так же как я, ждет их он.

* * *

Спокойствием пасущихся коней
В деревне каждый день наполнен.
А сколько было этих дней?
О, их число в Господней воле!
Но всякий день в мое окно
Один и тот же вид престольный —
Овсов святое полотно
Под звоны ели-колокольни.

* * *

Светит весеннее солнце
Сквозь окно из тонкого шелка,
Ширма стоит предо мной
С вышитой перепелкой.
Дальше красивой грядой

Встают бирюзовые горы,
Вид поселений в тумане густом
Моему недоступен взору.
Тишины вечерний час,
Мой светильник почти погас.
От холодной постели моей
Одиночеством старости веет.
Над широким пространством полей
Облака золотые тускнеют,
Травы тучными, ровными стали,
Но цветы на сливе завяли,
Лепестков их последний рой
От меня на ветру исчезает.
Смотрю сквозь слезы — там, под горой,
Пара ласточек дружно летает.

ИЗ ЦИКЛА «КИТАЙСКАЯ ГРАМОТА»

ВМЕСТЕ

Птицы стаями в небе летают.
Туча любит лежать одна.
Как вместе быть
Только двое знают —
Я и эта гора.

В ЛЕСУ

Если близко смотреть на траву,
Ближе,
Еще ближе!
Очутишься в бамбуковом лесу.

МЫСЛИ ПРИ НАБЛЮДЕНИИ ЗА ДЕРЕВЬЯМИ В ПАРКЕ

Когда тепло, раздеваются.
Сбрасывают листву в холода.
Природа, оказывается,
Безрассудна, как я.

БЕСКОНЕЧНОСТЬ

Корни дуба —
Ветки в землю.
Ветки дуба —
Корни в небо.

ЧЕЛОВЕК И КОЛОКОЛ

Колокол звонит пустотой.
Человек звонит
Сам собой.

ЛЮБОВЬ К БАМБУКУ

Жизнь описала круг.
Все громче костей хруст.
Отчего я люблю бамбук?
Оттого, что внутри он пуст.

* * *

Со мной, как с мантрою, ты будешь невредим.
Как мятный чай, я буду гнать усталость.
И я сопутствую тебе, как мед и дым,
Которыми одежда пропиталась.

* * *

Никто не отражается,
Когда я к зеркалу подхожу.
Я похожа теперь на свечу.
Расплавленный воск течет
По лицу в три сотни дорог,
По одной из которых ты ушел.

СНЕГ

Сколько дорожек в снегу!
А улиц в Чанъани в сто тысяч раз больше.
Ждать тебя невозможно дольше —
Шесть миллионов дворов, и в любом
Может стоять сейчас твой белый конь
В сбруе, украшенной серебром.

СПОРЮ С ЛИ БО

Над тобой луна.
Надо мной луна тоже.
Но моя луна
На твою непохожа.

ДОРОГИ

Цветут согласно небесным срокам
Травы, звери и люди земли.
А потом уходят
По тем дорогам,
По которым сюда пришли.

ИНЬ И ЯН

Что бы я в жизни ни делала,
Никогда до конца не сделаю:
Внутри каждого листика с дерева —
Новое дерево!

МОЯ МАНТРА

В звуке О
Содержится все.

* * *

Достаточно закрыть глаза,
И мир исчезнет.
Но недостаточно закрыть глаза,
Чтоб мир возник.

ПЕРЕМЕНЫ

Луна быть полной
Всегда не может.
И солнце не может всегда
Стоять на востоке.
Только людей перемены тревожат.
Вселенная от них в восторге.

В ГОРАХ

Как мерки людские смешны
В приложеньи к горам!
Я смысл вершин и провалов
Лишь здесь принимаю.
Здесь в школу блаженных
Хожу по утрам.
В долину бессмертных —
На чашечку чая.

НАСТАВЛЕНИЕ САМОЙ СЕБЕ

Никогда ни о чем здесь не спрашивать
Либо
Считать ответом
Вот эту вспыхнувшую вдруг любовь
Ко всему,
Ко всему свету!

ЛИСТОПАД

Сегодня лежит под ногами
Все то, что обычно
Висит вверху.
За то, что поставил
Всё кверх ногами
Я листопад люблю.

ИЗ ЦИКЛА «ЯПОНИЯ ПОД СНЕГОМ»

* * *

Порыв ветра.
В чашу для сбора дождя
Превратился мой зонтик.

* * *

Полиэтиленовый мешок
Быстрее птицы.
Это северный ветер
Отбирает жизнь у живущих
И делится ею
С безжизненным.

* * *

Колокол на дне океана.
Луна за облаками.
Душа
Под тяжестью людей.

* * *

Быстро растет бамбук,
Еще быстрее река.
Яблоня ярко цветет,
Ярче — Луна.

* * *

Даже дождевые тучи
Не могут закрыть
Луны полнолуния.

* * *

Дождь смывает
Не все следы,
А только те,
Что готовы уйти.

* * *

Сегодняшний дождь оставляет
Миллионы колец на поверхности
Озера, увиденного месяц
Тому назад.

* * *

Не печалься о том,
Что со мной не делил
Хлеб и кров.
Мы с тобою делили
Луну.

* * *

Весна.
С боку на бок ворочаюсь,
Пытаясь уснуть.
С благодарностью вспоминаю
Зимние вечера.

* * *

Снежное поле.
Можешь увидеть что хочешь.
Японию
Или Россию.

* * *

Пусть на один вечер
Все станут глубокими,
Глубокими стариками.
Начало зимы.

Григорий Беневич

О себе

Родился в 1956 г. в Ленинграде. Окончил Политехнический институт, работал в Геофизической обсерватории им. Воейкова, но, почувствовав интерес к гуманитарным исследованиям, в первую очередь в области литературы и религиозной философии, сблизился с кругом неофициальных литераторов.

Моими «крестниками» во «второй культуре» были поэты В. Кривулин и В. Ширали. Вместе с А. Шуфриным — ныне известным патрологом, работающим в Принстоне, написал первую книгу: «Введение в поэзию О. Мандельштама», отрывки из которой были опубликованы в Вестнике РХД. Публиковал критические статьи, эссе и переводы в неофициальных журналах «Обводный канал», «Часы», «Предлог» и др. В начале «перестройки» вместе с группой Петербургских философов и ученых участвовал в создании Высшей Религиозной Философской школы, где вначале преподавал литературоведческие курсы.

Постепенно интересы стали сдвигаться в сторону философии и богословия. В 1994–1995 гг. провел год в Оксфорде, стажируясь на Теологическом факультете. В это же время после долгого перерыва, стал писать стихи. Перед отъездом в Оксфорд вместе с женой Ольгой Поповой издал сборник стихов «Прощание». С тех пор не перестаю писать стихи, хотя публиковал их главным образом лишь в Интернете. В 2003 г., на основе своей кандидатской диссертации, издал книгу о матери Марии (Скобцовой), а в 2004 г. — совместно с А. Шуфриным — книгу «Беседы о православном догматическом богословии».

Опубликовал множество статей по литературоведению, религиозной философии и патрологии, работаю в ВРФШ, где возглавляю кафедру Религиоведения. Живу с семьей в Петербурге.

СТИХИ ИЗ ЦИКЛА «РОССИЯ» (1994–2001)

* * *

... нет такой точки,

с которой можно было бы на жизнь
взглянуть спокойно: на болезни дочки,
на дерзость сына, на отчаянье жены,
на собственное безобразье,
на то, что, неоформленное, в прах
все возвратится бездыханный...
      Разве
что Бог с людьми оставит нас в стихах.

СРАВНЕНИЕ

Как общество живет, где нету
Зимы, где не вступает в смерть
Природа, где весна и лето,
И осень есть, а смерти нет?

Нет есть, но только видовая.
Вон — листья потерял каштан,
Но уж кустарник расцветает
Какой-то, хоть ноябрь настал.

Не так ли у людей? Идеи
Переживают здесь расцвет,
Посмотришь — и никто не верит
В них, но идут другие вслед.

А так чтоб умерло тотально
Все, как в России, так чтоб в смерть
Идеи все пришли буквально,
Такого в их природе нет.

Отсюда то, что Чаадаев
Назвал историей, чем миф
Жив этот, да и не скрывают
Они, что смерти нет для них

Всеобщей, чтоб и завещанье
Оставить некому, чтоб знать
И не было дано заранье,
Что все увидят всех опять;

Иначе б, думаю, билеты
Вернули, но такая смерть
Не здесь, а там, в России, где-то
Где снег идет, и Бога нет.

19.11.94 Оксфорд

* * *

О, Господи, а как же смерть,
Коль и разлука непереносима?
Но смерть мы знаем, что необратима,
Что, потеряв кого-то, мы уж здесь
Не встретимся с ним снова, и хоть это
И страшно, но хотя б надежды нету
На собственные силы...
                    Но не смерть
Разлука, и попробуй здесь суметь,
Пока еще не испытал бессилья
Пред смертью,
             отказаться от насилья.

ИПОСТАСИ

По сезону меняют одежды деревья,
Но стоят неизменно все в том же наряде
Схимонахини сосны, монахини — ели,
Не меняя иголок на тленное платье.

Лишь деревья-миряне растут год от года,
Изменяясь согласно годичному кругу,
А у сосен и елей иная природа:
Постоянство для них — основная заслуга,

Но не суть. Ибо суть это рост. Постоянство
В постоянстве наряда или в измененьи —
Все равно, ибо дело не столько в убранстве,
Сколько в общей победе над смертью и тленьем.

МИРЯНЕ

А. И. Сидорову

«Пока не умерли родители, —
Сказал мне тот, кто дал Максима
Нам Исповедника, — Я видимо
Еще за их скрывался спину,

А вот теперь… Хотя в решениях
И раньше я самостоятельным
Был совершенно, но пред временем
Я защищен был своей матерью.

Как будто между мной и смертию
Был кто-то, так что непосредственно
Я ей не предстоял, но нет ее,
И вот теперь на нас ответственность

Вся. И теперь уже прекрытие —
Мы для своих детей, от времени
Их защищаем, как родители
Нас защищали — поколением.»

Быть может, в этом и монашество
Мирянское, что перед смертию
Стоим одни мы, и домашние
Все за спиной у нас. Мы — первые

Не в силу власти или знания,
Иль опыта, или по возрасту,
А в силу смерти предстояния,
Нас постригающей «по образу».

16.12.94 Оксфорд

ПОКРОВ

1   На сером — всплохи рябины,
    Березы — золото волос,
    И жалость, чуть ли не до слез
    К земле, страдающей невинно

2   За человечество, за грех
    Его; природы увяданье,
    Ее прекрасное страданье,
    Предупреждающее всех

3   О смерти; царственное слово
    Деревьев: золото, багрец —
    Все облетит, всему конец
    Придет, но возродятся снова

4   Они, лишь временный наряд
    Не вечен, как и Византия;
    Деревья — образы живые —
    Об этом людям говорят,

2

5   Своим страданием бесстрастным
    Свидетельствуя, что́ есть смерть,
    И вместе с этим, что жалеть
    Природу было бы напрасной

6   Потерей времени и сил,
    Отпущенных нам на другое;
    Не тратить время дорогое
    На посещение могил

7   Родных, но провожать в последний
    Путь эту бедную листву,
    И, умирая наяву,
    Ждать воскресения деревьев, —

8   На это время нам дано
    Наверно — не жалеть о прошлом,
    Чье повторение бы пошлым
    И жалким было б все равно;

3

9   Не царства и не Византии,
    С ее величием былым,
    Мы воскресения хотим,
    Но подлинной Айя-Софии,

10 Софии мысленной дерев, —
    Изображения народов —
    Берез, рябин, дубов и кленов
    И вообще деревьев всех,

11 Святой Софии, где цари —
 Деревья, — каждое по-своему —
 Где нет деревьев недостойных,
 Тех, чтобы славить не смогли

12 Царя царей — Живое Древо, —
 И Рай одушевленный — Мать
 Его — ту Землю, что принять
 В Себя
   народы все
        сумела.

15–17 октября 1997

* * *

Смирись, когда тебя поносят
и дочь, и сын — ты заслужил.
Готовься, скоро тебя спросят:
зачем ты жил.
            Зачем я жил?

ОБЩЕЖИТИЕ

Немец кушает морковку
Ежедневно и по многу,
Разгрызая ее ловко,
И зубам его не больно.

Немец... Впрочем, он не немец,
Он австриец, он из Вены,
Но сидит немой как немец,
Ест морковку постоянно.

Мне ж не по зубам морковка,
То есть и не по карману,
И не по здоровью: десна
Слабые и зубы — стары.

Да, и мне бы каратину
Не мешало б, но полезней
Мне его не ненавидеть,
А любить того австрийца

Научиться, того Ганса,
Белобрысого арийца.
Хоть мешают ленинградца
Десны и мое еврейство.

Так за что ж здесь ухватиться?
Полюби его… Морковку
Вон как ест, не подступиться,
Полюби его, попробуй!

Если б это был индиец
Добрый, или был эстонец
Бедный, полюбить не диво
Их, хоть чем-нибудь подобных.

Здесь же… Только так, д р у г о г о
Встретив, и поймешь, что легче,
Кажется, чтоб был врагом он,
Чем вот так морковку ел бы.

Может от того и войны,
Что мы, люди, не выносим,
Когда для других не больно
То, что нам кровавит десна?

Тогда в качестве зацепки
Выступает то, что в прошлом
Их, как мы считаем, предки
Виноваты в крови наших.

Так, с неразделенной боли
Начиная, переходим
К ненависти мы, от крови
Собственной — к пролитью крови

В землю общую как в чашу
Общую — взамен причастья
Крови с Плотью, нас, болящих
Исцеляющих от страсти.

БОТАНИЧЕСКИЙ САД

1   Не вырубленный в блокаду,
   «Аптекарский огород» —
   Юдоль моя и прохлада,
   Спасение от забот,

2   К тебе прибегаю в это
   Господне лето, в жару,
   Когда представленья нету,
   Где б душу спасти свою.

3   Не вырубленный в блокаду
   Не спиленный на дрова…
   Юдоль моя и отрада, —
   Чудесные дерева,

4   Чья родина вся планета —
   Америка и Китай,
   Встретившиеся в этом
   Саду, превращенном в рай

5   Земной. Спасенный в блокаду
   Бог весть какою ценой,
   Теперь ты глазам отраду
   Даешь и душе покой.

6   Диковинные растенья
    Самых разных пород, —
    Духовное исцеленье,
    «Аптекарский огород».

7   Люди, как и деревья,
    Кто б не был какой крови
    И кем бы не был по вере —
    Все дети одной Земли.

8   Хоть с детства и был он нервным,
    А с возрастом стал жесток
    С людьми, но в России первым
    Свел Запад он и Восток —

9   Царь Петр, насадивший этот
    «Аптекарский огород»,
    Который в Господне лето
    Дух перевести дает,

10 И вспомнить Петра другого,
    Того, кому Бог ключи
    От города неземного
    С Апостолами вручил.

11 Он из родной Палестины
    Пришел в языческий Рим,
    Чтоб сделать народам зримым
    Вход в горний Ерусалим,

12 И этим прорвал блокаду,
    В какой был его народ...
    Любовь моя и отрада —
    «Аптекарский огород».

ГЕОГРАФИЯ

Россия — пёс сторожевой,
Точней — сторожевая сука
Европы, и хозяин скупо
Тебя одаривает твой

Своею лаской; точно пёс
Стоишь пред ним на задних лапах,
Высматривая, что же Запад
Тебе на этот раз
                принёс.

ЛЕС

Посередине сумрачного леса
Внезапно слышишь колокольный звон,
Он обнимает лес со всех сторон
И все деревья вовлекает в мессу,

Но отступает, и тогда ясней,
Как будто пенье птиц и шелест листьев
В своей природной жизни независим
От Церкви лес, но все же связан с ней.

ЕДОКИ КАРТОФЕЛЯ

На Черной Речке овощебаза,
Где продается старый картофель.
Здравствуй, могучее племя, здравствуй,
Племя, разбившее позвоночник

Свой некрещеный, не на уроках
В школе советской литературы,
А на других, что дала эпоха
Перед концом мировой культуры.

СКУЛЬПТОР

1 Лишь Микеланджело этическая мощь
И человеческая воля
Способны победить сознание любое
И смысл Запада определить помочь.

2 Ни слова ради музыки, все силы
Собрать в кулак и терпеливо ждать,
Когда земля сама начнет рождать,
И хлеб взойдет, и побелеют нивы.

3 Коль скоро в землю вложено зерно,
То дело в том лишь, чтоб не камениста
Была она, и чтоб не слишком быстро,
Но точно в срок произросло оно.

2

4 Ни слова ради выраженья мысли,
Угадываемой наперед,
Дождись того, покуда не придет
Она к тебе, и с той поры борись с ней

5 Смирением — без Бога не борец
Ты, а титан бессмысленно надменный,
Погибнешь сам и принесешь вселенной
Своей несвоевременный конец.

6 Держись атлет, уже приходит схватки
С самим собой решительный момент,
И это жизнь, а не эксперимент,
И надо выложиться без остатка,

3

7 Не прибегая к творчеству; узреть
Буанаротти мог скульптуру в глыбе,
А дальше надо было, чтобы вывел
Ее наружу он, чтоб лицезреть

8 Открывшееся и другие
Могли, а значит камня и зерна
Была и есть история одна,
Какими бы мы не были другими —

9 Восток и Запад; мельничный жернов
Истории, какою мукой зерна
Размалывает на муку упорно,
Освобождая камень и зерно

4

10 От бытия в себе; но скульптор нужен
Был, чтоб понять, что превращает Мельник
Зерно, которое с другими мелет
Он вместе с Матерью Своею, — в мужа,

11 Подобного Себе; в небесной сини
Как маховик истории могучий —
Второй Адам, и те кто был замучен
За имя Божье — равные по силе

12 Ему; но прав ли был Буанаротти,
Когда не дал он белые одежды
Им, совершавшим поприще с надеждой
На полное преображенье плоти?

ЕРУСАЛИМ

1 Каждая ценность исторична: зло,
Как и добро, имеет, значит, ценность
В истории — хранит как драгоценность
Евреев Бог, всем племенам назло.

2 Жив до сих пор Израиль и Иуда
И до конца со сцены не сойдет,
Благословенный проклятый народ,
Из пепла возрождающийся чудом;

3 Не воскресающий — не принята была
Народом этим радость Воскресенья,
Но возрождающийся, верящий в спасенье
В истории, других сжигающей до тла.

4 Народ, горящий в огненной геенне
Истории — как отроки в печи
И не сгорающий, хотя уже почти
Все декорации сменилися на сцене.

2

5 Где гордый Рим? он пал; и от Афин
Остались только вечные идеи —
Языческих Афин, — но иудеи
Вновь возвратились в Иерусалим —

6 Священный город, — выстояв в борьбе
С историей во тьме кромешной —
Обугленные головешки,
Сумевшие не изменить себе.

7 Но отроки в печи не опалились
Нимало — их небесная роса
В ней прохлаждала — вместе с ними Сам
Был Ангел Божий — с Ним они молились.

8 А кто стоял с евреями в огне
   Истории — геенне, и за ними
   В их ад сходил, из Книги Жизни имя
   Не позволяя их стереть вполне?

3

9 Не Тот ли, Кто молился в Гефсимани
   Среди стоящих до сих пор олив —
   Живых свидетелей Его молитв
   Кровавых — Он евреем был по Маме.

10 Как отроков небесная роса
   Спасала, так евреев — милость Божья;
   Плодоносят оливки у подножья
   Горы, где крестный подвиг начался

11 Спасителя, сходящего в геенну
   Истории еврейского народа,
   Употребившего Свою свободу
   На то, чтоб соль не потеряла цену.

12 Но Русская Свеча на Елеоне
   И образа в Марие Магдалине
   Благовествуют об Ерусалиме —
   Всех обнимающем небесном Лоне.

ВСТРЕЧА

> *...лучше воздух сосновый,*
> *но встретимся ль там мы с тобой?*
> О. П.

Эвридика, назначена встреча в аиде
Нам, не в страшном аду — там, где мрак и кошмар,
Но в стране, где никто из нас будет не виден
В свете этом, источник которого шар

Желтый, солнечный... Там, где назначена встреча
Наша, воздух сосновый, земля и вода
Будут тоже, но солнце иное осветит
Их и нас, —
        что теней не дает никогда.

ПРОТЕСТАНТ

Что общего у юноши-Рембрандта
С еще не проявившимся лицом
С вернувшимся из плаванья купцом,
Что приобрел в итоге все пространство

Истории священной. Кто бы мог
Сказать, что он, изнеженный вначале,
Приобретет весь мир Христу как Павел,
Которого послал к языкам Бог?

Во мраке тайна Божьего избранья
Сокрыта навсегда, во мраке родовом,
Но мать-пророчица по Библии о нем
Пророчит, о его апостольском призваньи

Приобрести весь мир. Рембрандт купец,
Сын мельника; как жерновов вращенье —
К одним и тем же темам возвращенье
Библейским. Так зерно молол его отец.

2

Вот протестантской этики начало —
Хоть ветер даром достается, но
Все ж должен мельник доставлять зерно,
Чтобы работа Божья не стояла,

И увозить муку, а что испечь
Из этого пускай решает Флора…
Хоть Саския его оставит скоро
И деток он не сможет уберечь,

Но Бог пошлет ему как утешенье
Другую Флору — праведный Иов, —
Чтобы зерно молоть он снова мог —
Благословенно мельницы вращенье

Голландской! В этом весь протестантизм.
И пусть подруге не дают причастья
Церковного, их грех искупит счастье —
Начавшаяся здесь их будущая жизнь.

3

Во мраке родовом — избрание. Даная
Ведь тоже избрана, неважно, что в другом
Предании — во мраке родовом
Свершается мистерия земная —

Посев духовный, жатва и помол;
Но избран Богом всякий образ Божий
Раз навсегда, и тьма не уничтожит
Того, что свет из мрака произвел.

Помол, мольба, молитва, покаянье —
Не возвращаться в омут родовой,
Каким бы ни был он, но головой
Повинной пасть в отцовское сиянье

Как блудный сын евангельский, — Рембрандт
Так учит нас, евреев приобретший
Христу, как и языков, и в кромешной
Тьме возвещающий о Свете
протестант.

Декабрь 2001

ИЗ СТИХОВ ПОСЛЕДНИХ ЛЕТ

ПОКРОВ

Богородица Свой расстелила Покров
над землею, но это — не снег,
но и не листопад, что его заменил
с потепленьем в России, ведь нет
листопада сейчас в Палестине и нет
его дальше на Юге нигде,
но Пречистая Свой расстелила Покров,
начиная с России — везде,
где Ее почитают не только как Мать
православные люди, но и,
Ту, Которой Отец Ее смог передать
полноту материнской любви.

БОМЖ

За со-человеком дерьмо уберешь
И вшивую ветошь, что за год скопилась,
Тогда ты хотя бы отчасти поймешь,
Что значат Отцовские жалость и милость,

И что Богу стоило допустить
Нас если и не ко святым в обитель,
То просто на лестнице Своей жить
В том Доме, что основал Спаситель.

ОБУЧЕНИЕ СОКОЛА

Посвистывает Бог оттуда,
Но что-то не взлетает сокол.
Поводит удивленным оком,
Но не решается сорваться.

Чего он ждет, какого чуда?!
Ему ведь есть у Бога место —
Рука, где мог бы он усесться…
Но не собраться.

Михаил Сергеев

Михаил Юрьевич Сергеев родился в 1960 году в Москве. В 1982 году закончил факультет журналистики Московского государственного института международных отношений. Работал корреспондентом международного отдела в еженедельнике «Собеседник», редактором в Гостелерадиофонде, заведующим литературной частью в московском театре-студии «Арлекин».

В 1990 году уехал в Соединенные Штаты на аспирантскую учебу на кафедре религиоведения в филадельфийском Университете Темпл. В 1993 году стал магистром искусств по специальности «история религии»; а в 1997 году, с отличием защитив диссертацию по русской софиологии, получил степень доктора философии по специальности «философия религии».

Преподавал в ряде университетов и колледжей Пенсильвании и Нью-Джерси. Читал университетские курсы «Религии мира», «Восточные религии», «Введение в Библию», «Иудаизм, Христианство, Ислам», «Русская религиозная мысль», «Введение в модернизм XIX и XX веков», «Религии в Америке», «Религия, искусство и Апокалипсис», и многие другие. Его доклады и выступления по русской философии и православному богословию заслушивались на конференциях в Нью-Йорке, Принстоне, Бостоне, Нью-Орлеане, Чикаго, Филадельфии и Вашингтоне. Сейчас преподает историю религий и современного искусства в Университете искусств в Филадельфии.

Автор многочисленных статей по истории религии, философии и современному искусству на русском и английском языках, опубликованных в российских и американских научных журналах, а также двух книг — *Проект просвещения: религия, философия, искусство* (Российское философское общество, 2004) и *Sophiology in Russian Orthodoxy: Solov'ev, Bulgakov, Losskii and Berdiaev* (The Edwin Mellen Press, 2006).

СОВЕТСКАЯ МЕМОРАБИЛИЯ

ГОДОВЩИНА РЕВОЛЮЦИИ

Не жалею, не зову, не плачу.
Прибегаю к способам простым, —
Заявляюсь к корешу на дачу
И на пару надираюсь в дым.

Я теперь скупее стал в желаньях.
Жизнь моя! Важна ты мне затем,
Чтоб торчать как пень на заседаньях
Комитета ВЛКСМ.

Гордость, даже ты все реже, реже
Расшевеливаешь пламень уст.
Воспитанье и манеры те же,
А в душе — бездушие и грусть.

Ты теперь не так уж будешь биться,
Сердце тронутое холодком.
И, конечно, примешься молиться
На анкеты, взносы и партком.

КУРС ПЕРЕПОДГОТОВКИ

Для нас, писателей, часть речи —
Заместо пушек и картечи.
Коль нужно в глаз кого отметить,
Используй резкость междометий.
И без особых разъяснений
Шли в бой фаланги дополнений.
Отбрось стеснения излишек,
Глаголом жги сердца людишек.
А не получится глаголом,
Или, положим, подлежащим,
Валяй дубиной или колом, —
Для рубки самым подходящим!

МОЛОДАЯ СМЕНА

Комсомольцы-добровольцы
На папашины червонцы
Прошвырнулись в пивларек.
Повторили после трех.

И для полного ажура,
Подцепив вокзальных краль,
От Бахуса до Амура
Протянули магистраль!

КОММУНИСТИЧЕСКАЯ МАДОННА

Твой образ чист как сердолик
И до смешного сердоболен.
Перемени свой скорбный лик,
Чтобы счастья было в нем поболе.

Смени накидку на платок,
Малютку — в люльку, встань без понту,
Взгляд — порешительней чуток
По направленью к горизонту.

Рука — с серпом. Плотней прижмись
К коллеге мужеского пола,
И поторапливайся ввысь.
Вот это жисть и вправду жисть, —
Как учит нас семья и школа!

ГЕРОЙ НАШЕГО ВРЕМЕНИ

На свет пожалован не графом,
Наследством не обременен,
Я не живу с небрежным кайфом
Былых онегинских времен.

Служу, — а как мне не работать? —
Не веря в то, как надо жить.
Припрет, могу по фене ботать,
А то — всех матом обложить.

Мне по плечу упиться в дупель
И, положив на бабу глаз,
Поставить ночью женский туфель
К моей кроссовке Адидас.

Я вечно в духоте и гаме,
Не нищий вроде, а изгой.
Мне наплевать, что там на БАМе,
Где Уралмаш, как Уренгой.

Мне все твердят, что я им нужен.
А я не нужен никому,
Когда под вечер, сев за ужин, —
Один в России и в дому.

Качусь как заяц — без билета,
Не мошка даже и не клоп.
И нет со мною пистолета
Пустить немедля пулю в лоб.

О ВРЕМЕНИ И О СЕБЕ

МОЛОДОСТЬ

Когда мне было двадцать лет,
На все решил я дать ответ.
Глупец! Не знал я,
Что его на свете нет.

МОЕ ПОКОЛЕНИЕ

Сижу за решеткой в темнице сырой.

И нельзя мне выше, и нельзя мне ниже.

Я рос, ни капельки не ведав,
Как сотни взнузданных юнцов,
Что на земле отцов и дедов
Так много гнид и подлецов.

Им безразличны стыд и совесть,
И Божий Суд им нипочем.
Они ведь атеисты, то есть
Срам прикрывают кумачом.

Свет застит алый цвет с порога,
А светлых душ наперечет,
Хоть молодым у нас дорога,
А старикам везде почет.

И если честен и упрям ты,
И, не дай Бог, интеллигент,
Схлопочешь за свои таланты
На сумасшествие патент.

КРЕДО

Нет, я не Байрон, я другой.
И не Высоцкий, значит — третий.
Свой путь, означенный судьбой,
Особо ценится в поэте.

Флажки алеют за спиной,
И вхолостую бьют двустволки.
И не угонятся за мной
Охотники — ведь мы не волки.

Долой невежество и понт!
Пусть не вернемся из похода,
Дан старт — не финиш — горизонт.
Его промахиваю схода.

Мне путь не ритором пустым
И литераторм дебелым.
Назад, на встречу с Львом Толстым
Или хотя б Андреем Белым.

ПОВОРОТ СУДЬБЫ

В руки взял гитару я,
Струны нежно трогаю, —
В путь идти мне хмарою,
Дальнею дорогою.

Сзади — небо тусклое,
Впереди — дремучий лес.
О, судьбина русская,
Как меня ты мучаешь!

Поднапряг я мускулы,
Да сорвался с привязи.
Ох, гитарка узкая,
Помоги мне, вывези!

Вот аккорд, еще аккорд,
Разлилась гармония.
И сижу, ни жив ни мертв,
Растворившись в стоне я.

ПРИЗВАНИЕ

Я жизнь безвестную и скучную влачу —
Моих студентов философии учу.

На бирже акциями я не ворочу
И на Канары отдыхать не полечу.

Мне особняк жене купить не по плечу —
Я без нее своих счетов не оплачу.

И в казино рулетку я не раскручу,
Не загуляю, не запью, не заторчу…

Пойду к врачу,
      шальные нервы подлечу.
Поразмышляю,
    покропаю,
        помолчу.

Идут года…
      Но на судьбу я не ворчу.
Я жизнь иную не прошу и не хочу.

СВОБОДА И БЛАГОДАТЬ

Вольному воля,
Спасенному рай —
Всяк свою долю
Сам выбирай.

СМЕХ СКВОЗЬ СТОНЫ

ПРОБА СИЛ

Я мечтаю быть актером,
Я на сцене пригожусь.
И писателем матерым
Тоже стать не откажусь,

Чтоб текли рекой романы,
Дух творца запечатлев.
Я посыплю соль на раны
Толстоведам Вашим, Лев!

Сплю и вижу, как оркестром
Только так руковожу,
И перстом с фамильным перстнем
По транскрипциям вожу.

Как, откинув кончик фрака,
Вдохновенье торопя,
Воскрешаю гений Баха,
Пальцы в клавишах топя.

Рифме только не созвучен
Мой талант-универсал.
Что ж, об этом, необучен,
Я стихами написал!

ПЛОДЫ ПРОСВЕЩЕНИЯ

Сосиску лопаю в кофейне.
Гляжу, — сосед листает Гейне.
Разговорились о Ремарке,
Шекспире, Данте и Петрарке.
Я переполошился резко,
Стал шпарить наизусть Франческо.
Поддели нас: «Ну вы могёте!»,

Едва ответил он из Гёте.
Мы тараторили без пауз,
Как Лир-король и доктор Фауст.
Но худом кончились смотрины,
Поплёлся я стихи учить, —
Не смог канцоны от секстины,[1]
Как он ни бился, отличить!

ФИЛОСОФСКИЕ ЧАСТУШКИ

Образован и умен ты,
И с тобою нас свела
Правота Огюста Конта
И Бертрана Рассела.

Но в ону
Консистенцию
Ты всунул
Экзистенцию!

Разгорелся жаркий спор,
Кто тут alma mater, —
Ясперс или Кьеркегор,
Или, может, Сартр?

Пей Камю,
Ешь камамбер,
Только не Камю
Альбер!

Обожди, не прячь лица,
Вот нехилый темец.
Как житуха? (Sein und Zeit —
Переводит немец).

---

[1] *Канцона и секстина* — поэтические формы эпохи Возрождения.

Вот так мастер!
Ай да герр,
Этот Мартин
Хайдеггер...

У Платона «Пир» — горой,
Морем — «Апология».
С ними прожил наш герой,
Никого не трогая.

Ох, и смачный
Зарплатон
Заколачивал
Платон!

Что нам Прокл, что Сократ,
Все перипатетики.
Мы сильнее во сто крат
Древних в арифметике.

Хвосты —
Чешуя!
Где же ты,
Иешуа?!

ЛИНГВИСТИЧЕСКИЕ ФАНТАЗИИ

НА ТЕМЫ ХЛЕБНИКОВА

О, засмейтесь, смехачи!
О, умерьтесь, богачи!
Что буянствуют слюнтяйно,
Что лентяйствуют лояльно.
О, зашейтесь, первачи!
Все, кто пьянствует повально,
О, упейтесь усмиряльно!
О, рассейтесь, палачи!
О, рассмейтесь, смехачи!

ЖЕРТВА

Знай, родная, ты с поэтом
Связана мистически.
Любит он тебя при этом
Тоже стилистически.

В единеньи гласных тонком —
Унисон звучания,
И живете вы дифтонгом.
Дав обет молчания,

Подчинишь простосердечно
Мужу — голос явленный,
Но воскреснет, и навечно,
Он, в стихах восславленный.

Вот чоудо![2]

---

[2] В старославянском языке слово «чудо» писали с дифтонгом «оу», который произносился как «у».

ПЕРЕВОПЛОЩЕНИЯ

Не сладостной любовной вязью, —
Таинственной и неземной,
Ты сочетаема со мной
Нерасторжимой тайной связью.

В глубинах вечности дворца,
Меняя страны и обличья,
Мы строк содействуем величью
Святой поэзии Творца.

Из века в век судьбу кроим,
Чередованием согласны.
Мы, долгой и короткой гласной,[3]
Ритм мироздания храним.

ОБАЯНИЕ АНТИКИ

Изучать латынь несложно.
Если будешь терпелив,
За год сделать столько можно,
Что, в науку посвящен,
Испытаешь сил прилив.
И трактаты Цицерона
(Муж сей был весьма учен)
Без труда переведешь.
А потом, поди, Катона
Переложишь мудрый стих.
Мыслью точной забредешь
В языка крутую высь.
Тут, почтителен и тих,
Высшим истинам внимаешь.

---

[3] В латинской и древнегреческой поэзии признаком поэтической формы считалось равномерное чередование долгих и коротких гласных.

Но попробуй разберись
В наущеньях сил небесных,
Коль еще не понимаешь
Ты души земную быль.
Если слабостей телесных,
Как ни клялся, не избыл.

ПОСВЯЩЕНИЯ

ПОХВАЛА ПЕТРАРКЕ

Твои стихи подобны фрескам,
Очаровательный Франческо.
Прочтут министр и кухарка
До одного их все, Петрарка.
Ты не менял на шуры-муры
Любовь единственной Лауры,
А восславлял легко и веско
Ее, не требуя подарка.
Не опустившись до паяца,
Вошел в экстаз ты и отруб.
Уж ты б
Ноктюрн в два счета
Сбацал
На флейте водосточных труб!

ПОД ЗНАКОМ ПУШКИНА

Во глубине скорбящих душ
Храните гордое терпенье.
Наш час пробьет, и грянет туш,
И снизойдет успокоенье.

И в пику гнусностям чинуш,
Паскуд, ублюдков и ослов,
Ударит громом озаренье,
Вдохнув желаннейших послов, —
И Божество, и вдохновенье,
И жизнь, и слезы, и любовь!

ПРЕКРАСНАЯ ДАМА

Алёне

Перед тобой навеки чист, —
Хоть ты к стихам меня ревнуешь.
Увы, капризен белый лист,
Не все словами зарифмуешь.

Я даром Божьим дорожу
И не могу быть лицемером.
Любовь прорвет строфы ажур,
Тесно теченье ей размером.

Так понапрасну не тужи,
Не избежать привычной схемы.
Тебе я посвящаю жизнь,
Всем остальным — свои поэмы.

ПОДРАЖАНИЕ ВЫСОЦКОМУ

Я вскачу на коня,
Ногу в стремя воткну.
Вывозите меня, мои кони!
И, судьбину кляня, —
Сколько гнут-перегнут, —
Взвизгнет в воздухе кнут
И застонет.

Ты прости, что в бока
Больно шпоры войдут,
Что трава твои губы щекочет.
Что назойливый кнут, —
Уж прости дурака, —
То свистит там и тут,
То хохочет.

Обниму я коня,
К мокрой шее прильну.
Он заржет, он поймет и поскачет.
И, жалея меня,
Хоть характером крут,
Вздрогнет в воздухе кнут
И заплачет.

СТИХОТВОРНЫЙ ТУРНИР

Олегу Черкасу

Я вящий сочинить пример
Для вещего Олега
Хочу, чтоб показать манер,
Каким слагать строфу.
Пусть в изумленьи, например,
Иной поэт-коллега
Заносит найденный размер
В свободную графу.

Я перекрестной рифмы вязь
На перекрестках строчек
Перекрещу, перекрестясь,
С безмерностью основ.
И закольцую, словно князь,
Нигде не ставя точек,
Хоть окольцован отродясь,
Кольцом беспечных снов.

АКТЕР-МОНАХ

Эдику Григоряну

За чашкой чая как-то Эдо
Открыл актерское мне кредо:
«В какой ни упражняйся сценке,
Секрет игры в твоей оценке.
Вообрази, я поп, — как любы
Красавиц груди мне и губы!
Но наслаждений жажда меркнет
В душе сынов примерных Церкви.
Заблудшим верная подмога
Они гостить должны у Бога…»
Тут просветлел он, вверх подался
И воспарил.
А чай остался.

МОЛИТВОСЛОВ

ПОЛУДЕННАЯ МОЛИТВА[4]

В сей час свидетельствую я,
Что Ты создал меня, мой Боже,
Чтобы Тебя познанье множил
И поклонялся Тебе я.
В бессилье я,
А Ты — всесилен!
Я скуден, Ты ж во всем обилен.
И Бога нет, кроме Тебя,
Кто от напасти сберегает,
И самосущим пребывает, —
О том свидетельствую я.

---

[4] Короткая обязательная молитва в Вере Бахаи

МОЛИТВА СВ. ПАТРИКА

Господь, будь с нами в этот час.
Внутри — чтобы очистить нас,
Вверху — нас чтобы возвести,
Пред нами — нас вперед вести.
Под нами — нас чтоб поддержать,
И позади — наш пыл сдержать.
Не оставляй одних в пути,
Со всех сторон нас защити.

ДОВЕРИЕ

Вверяю я свой дух,
О, Господи мой Боже,
Тебе.
Себе я друг,
Всевышнему — дороже.

БЛАГОСЛОВЕНИЕ

Благословенны холм, и поле, и долина,
Величественный лес и бурных вод стремнина,
Лазурный свод небес и горняя дорога,
Воспомянули где и восхвалили Бога.

Сергей Питаш

Родился 6 июня 1967 г. в Тюменской области. В 1979 году семья переехала в Крым, для моего специализированного лечения. В связи с болезнью (дцп) вынужден постоянно находиться в квартире. Книги и телевизор на долгие годы заменили мне полноценное общение со сверстниками, природой, внешним миром. Большое влияние на меня оказала русская классическая литература — Достоевский, Толстой, Гоголь, Герцен, а также русские поэты XIX–XX веков, особенно — Пушкин, Лермонтов, Некрасов, Блок, Белый, Мандельштам. Кроме этого, я постоянно испытывал тягу к философской литературе, романы Бальзака, Т. Манна, Достоевского, сделали эту тягу более целенаправленной. Не имея возможности получить полноценное школьное образование (не говоря уже о доступности высшего), я занялся самообразованием. Не могу сказать, что я придерживался в накоплении знаний какой-то системы. Скорей этот процесс был похож на эффект матрёшки, читая Монтеня, нельзя было не обратить внимания на Тацита или Плутарха, а закрыв последний том истории Ключевского, хотелось снова перечитать «Войну и Мир».

В конце 80-х годов прошлого века, когда стала доступна русская философия, европейская философия первой половины XX века и классическая психология, я понял, насколько ещё мало знаю. Ницше, Камю, Бергсон, Сартр, Фромм, Ясперс, Юнг, Фрейд, Бердяев, Ильин, Соловьев, Шестов, Розанов, и другие преподали мне ещё один (помимо русской литературы) урок, о вершинах и низинах человеческого «Я». Философия в не меньшей мере, чем литература, научила меня не елозить перед собственными слабостями и обстоятельствами. Как ни странно, но именно философия помогла мне осознать «Слово» как живое, многослойное существо. Ведь в холодных построениях Шопенгауэра не меньше затаённой страсти, чем в чувственных переживаниях Эммы Бовари. И грани каждого сберегаемы «Словом».

В 15 лет у меня зародилась мечта стать русским поэтом. С 1999 года стал писать. Мне казалось, даже будучи оторванным от реальной жизни, от непосредственного общения с людьми, мне есть что сказать им. Я стараюсь делиться с читателем своими мыслями, видением мира, и любовью к России. После распада Союза моя семья оказалась вне пределов родной земли. Поэтому, всё связанное с Родиной переживается и глубже и острее.

За последние восемь лет вышли два моих сборника стихов. После выхода второй книжки, одна из местных организаций подарила мне компьютер. Теперь, с помощью палочки, которую держу в зубах, я могу самостоятельно набирать тексты, не обременяя больше этой работой родителей (раньше мои стихи записывала мама по ночам — днем она работала). Из-за меня, несмотря на давно наступивший пенсионный возраст, родители продолжают работать. В 2005 году, мои стихи три раза были опубликованы в Московских журналах: («Вестник Российского философского общества», №№ 1, 3. «Правозащитник» № 1). А в 2008 году подборку моих стихов опубликовал журнал «Побережье», США.

В начале своего литературного пути я осмелился послать стихи А. И. Солженицыну, чтобы узнать его мнение — пригоден ли я к писательству? И он мне ответил дословно следующее: «В стихах — четкая незатрудненная форма, четкие ясные мысли, к тому же вызывающие сочувствие...» Для меня это была огромная поддержка в творческих надеждах и устремлениях.

Сергей Питаш

МОЛИТВА

> *«Просите, и дано будет вам; ищите и*
> *найдете; стучите, и отворят вам...»*
> (Евангелия от Матфея, 7:7)

Прости, Господь, за прегрешенья,
Что вяжут сладкой слепотой.
Прости бесцельные круженья
И одержимость пустотой.

Прости завистливую злобу,
Что очерствел, хоть кол теши,
Что тешу лишь свою утробу,
Прости запущенность души.

От оправдательного страха,
В чьей жиже по уши погряз,
Дай отрешиться, как от праха,
Пока совсем в нем не увяз.

Прими таким, как есть, о Боже,
Не оттолкни заблудший дух.
Мне помоги к себе стать строже,
Чтобы не стал я к правде глух.

Дай Твоего долготерпенья,
Чтоб овладеть самим собой.
Дай умудренного смиренья
И силы быть во всем с Тобой!

24.04.2001

ДЕЛЬФИН

Он приглашал в свои владения,
Где есть покой и тишина,
Где не рождаются сомнения,
Где жизнь пороков лишена.

Улыбкой друга озаряясь,
Дельфин без слов звал в мир иной,
И, тайников души касаясь,
Звучал для них родной струной.

«Идем в бескрайние просторы, —
Его я слышал тайный клич, —
Там, сбросивши земные шоры,
Сумеешь сам себя постичь.

Свобода распахнет объятья,
И ты, вдохнув ее полней,
Забудешь зависть, страх, проклятья,
Всегда их видя средь людей…»

И, полон чувства сожаленья,
Дельфин уплыл, как светлый сон.
Мои земные притяженья,
Не осуждая, понял он.

10.05.2002

ИСКОМОЕ

Хочу с лесными я шатрами
Немолчный слушать говор рек,
Обнявшись с вольными ветрами,
Движеньем свой наполнить век.

Хочу бурливым водопадом
Лететь с заоблачной скалы,
Плодоносящим стать бы садом,
Накрыв цветением стволы.

Степным дождем хочу пролиться,
Цветком в ущелье расцвести,
Мечтаю в солнце превратиться
И бытия узор плести.

Но лишь однажды, в час урочный,
Искомым жажду излечу,
Когда усталый и порочный
От плоти духом отлечу.

Тогда без чувств, без ожиданий
Свободой истинной упьюсь;
Вне шор логических блужданий
Я — с бесконечностью сольюсь…

04.07.2003

Я

Я — ком из слепленного праха,
Я — страсть космических ветров,
Я — сгусток злобы, омут страха,
Я — истин и бессмыслиц ров.

В плену у вечности и мига
Страницы бытия чертя,
Я — парадоксов горьких книга,
И воли каверзной дитя.

Меня отторгла мать-природа,
Не разорвав родства концы,
И мне ж ее сестра — свобода
Решила дать свои сосцы.

Той груди жадно насосавшись,
Я возомнил, что стал царем,
Но дикий зверь, со мной оставшись,
Живет в крови шальным огнем.

Во мне сидит он — старшим братом,
Стараясь снять мораль-узду,
Чтобы смирившись перед хватом,
Платил ему щедрее мзду.

Так что же я на самом деле,
Скопленье плоти, глины ком?
Иль тот, кто с хрипом, на пределе
К чему-то высшему влеком?

Сквозь все круги земного ада,
Где ложь, насилье, слезы, крик,
В цинизме умственного смрада
Я вижу подлинный свой лик.

Из мук извлечь о жизни знанье,
Чтоб место обрести свое?
Не в этом ли души призванье,
И оправдание мое?

18.02.2003

ЧУДО

Ветку лежащую мальчик заметил,
Поднял с земли и домой с ней пошел.
В дверь постучав, на вопрос он ответил:
«Мама, тебе я подарок нашел».

В простенькой вазе, в тепле умиленья,
Ветка стояла средь мартовских дней,
И, нарушая законность явленья,
Листик нежданный родился на ней.

17.03.2004.

В ПЕЩЕРЕ

*Александру Козлову,
исследователю и ценителю
подземного Крыма*

«Всмотрись-ка сюда, — начал путь провожатый, —
В овальный базальт, над тобой наклонённый,
Проступит в нём узника лик измождённый,
Чьи тело и дух бесконечностью сжаты.

Иль вот посмотри — на соитье влюблённых:
Мгновенье восторга в бессмертье ворвалось,
А рядом возвысился каменный фаллос,
Подвигнув к усердию их, окрылённых».

Мы глубже спускались в утробу земную.
Куда были хахоньки скепсиса деты!
Меня обступили тесней силуэты,
Казалось, что их череду не миную.

А гид продолжал, увлекаемый тьмою:
«Чем больше пещерами я занимаюсь,
Тем реже в идее одной сомневаюсь:
Здесь матрица жизни осталась немою.

Во всех этих глыбах, как в слепках, теснится
Всё то, чем движима поверхность мирская!
История, фактам хвосты отсекая,
На пару с Прокрустом, вовсю веселится».

Нас встретило небо. С гор солнце стекало,
Глаз пёстрой палитрой прельщая ретиво.
Оно, заслоняя пещерное диво,
Вязало лучи на сознанья лекало.

23.07 2006 г.

ФОНТАНЫ ПЕТЕРГОФА

Как не любить фонтаны эти,
Их струй ажурное движенье!
Они стихии невской дети,
Её судьбы отображенье.

Они искусный штрих поэмы,
Чью явь история призвала,
Когда в размах российской темы
Ворвалась мощь морского вала.

И ветры трёх веков летели,
Царей деянья чередуя,
И мятежей неслись метели,
И шилась для народа сбруя…

Но при любом изгибе, сломе,
Потворствуя сокрытой силе,
Фонтаны в невском окоёме
Ввысь россыпь серебра стремили.

Пленяя дивностью служенья,
Невзгодами непокорённый,
Живёт в них символ восхожденья,
Петровским духом сотворённый.

09.04 2006 г.

АНИЧКОВ МОСТ

О Русь, твоё буйство, стремленья, печали,
Ваятель-пророк воплотил на века.
Твои кони-вехи сей мост увенчали,
Ты в образах Клодта — грозна, велика.

Вот конь зааркафненный, вздыбив копыта,
Рванулся, да путы крепки у судьбы.
Не так ли, Россия, страстями обвита,
Ты ринулась к воле под свист голытьбы?

Себя не щадя, на ухабинах билась,
Неслась напролом к большевистской звезде.
В иллюзиях собственных ты заблудилась,
Позволив донельзя стянуться узде.

С киркою ГУЛАГа, от слёз долгих ржавой,
Среди нищеты и без божьих препон,
Незыблемою утверждаясь державой,
Рядилась во цвет кумачовых попон…

Пройти сквозь трагедию ложных усилий,
В них душу поправ свою, — жребий каков!
Но после всех бед, оставаясь Россией,
Ты пробуешь мощь обретённых подков.

И верится, с ними как должно срастёшься,
К свободе торя за верстою версту,
И в топь несуразных идей не вернёшься,
Свой путь осознав на великом мосту.

23.05.2006 г.

СЕДЬМАЯ СИМФОНИЯ

Над пробкой дорожной куражилась вьюга…
Чтоб стало теплее в салоне «Тойоты»,
Искал я в приёмнике музыку юга,
Но хлынули вдруг Шостаковича ноты.

Симфонии звуки сплетались со зреньем.
Аккорды её были холодны, резки.
Они предо мной развернули виденьем
Блокадного города страшные фрески.

Вот возле музея свалило снарядом
Берёзу, стоящую в зоне обстрела.
На мраморных львов, расположенных рядом,
Венера раздробленным ликом смотрела.

А вот появляется келья меж звуков,
Где варит монашка с Евангелья кожу.
С издёвкою голод ей, заулюлюкав,
Зудит: «Жри хоть что, всё равно уничтожу!»

Впрягается женщина полуживая
В салазки, идя под метельные плети,
И тащит вдоль Невского, к небу взывая:
В салазках — её околевшие дети.

В блокадном кольце исполняют Седьмую…
И публика в зале, оркестру внимая,
Из кресел, не чувствуя тягу земную,
В едином порыве восстала немая.

Симфония стихла — и вьюга застыла,
А я оставался в плену Ленинграда.
Однако уже посигналили с тыла —
Ещё на два метра продвинуться надо.

05.07.2006 г.

СОВА

В лицее менторша сова
Под Пасху чижикам твердила:
«Усвойте, сорванцы, слова:
Зло в сердце хуже крокодила.

Живя стремленьем к доброте,
Желайте мира каждой крыше.
Зачтутся вам усилья те,
Нам сей закон, ниспослан свыше».

Урок дослушав, детвора
Из класса шумно улетела.
Сова с лицейского двора
В своё дупло порхнуть хотела.

Но обернулась вдруг: в траве
Мышонок с зёрнышком возился.
Взмах крыл — секунда или две,
И коготь в серый бок вонзился.

А после Пасхи вновь в лицей
Сова явилась сеять знанья
О том, что в жизни нет ценней
Правдивости и состраданья.

07.01 2007 г.

КАМНИ

Побережье лазурного моря
Подсказало сюжет этих строчек.
Там средь сытого пляжного роя
Камни прятал мальчонка в мешочек.

Он захвачен был важностью дела,
Каждый камушек в цвет подбирая.
Радость им безраздельно владела,
Словно свет обретённого рая...

Где же польза от наших стараний?
Для того ль от свободы хмелеем,
Чтоб лелеять жестокость пираний,
Уравняв непотребство с елеем?

Почему же добро, точно кляча,
Волочится, теряя подковы,
И мы, камни за пазухой пряча,
Забросать ими ближних готовы?

Или злоба, как будто забрало,
На глаза опускается нами,
Потому что любовь не избрала
Наших душ, посчитав их камнями?!

20.12 2007 г.

СУДЬБА ШТУРВАЛА

Памяти Владимира Высоцкого

Да, штурвалом я был. Не забыть мне о том,
В передрягах, широтах каких побывал.
Но мою каравеллу настиг как-то шторм,
Крутанул нашу долюшку дьявольский вал.

Помер наш капитан в неурочнейший час,
Закатила погода поминки ему.
Средь ненастного дня отошел он от нас, —
С ярой силой волна саданула в корму,

И на палубу новый обрушился шквал.
Заметалась команда, чертей веселя.
С диким матом хватал кто попало штурвал,
Вправо-влево вращая мои румпеля.

Я подумал тогда: «Видно, им всё одно,
Одурели ребятки от качки такой!
Мне с моим кораблём уготовлено дно,
Хотя так неохота на вечный покой!»

Громыханье небес жуткий треск перекрыл…
Нас на рифы играючи выбросил вал.
Мачты он превратил в груду сломанных крыл
И меня заодно вместе с осью сорвал.

Нет, не знаю, что стало с командой моей.
В океан меня пляскою волн унесло.
Куда попадя плыл, разбухал от солей,
Да однажды о румпель задело весло.

И на суше теперь из колодца ведро
Тянут мной детвора и жена рыбака.
Пришпандорен к бревну, приношу я добро,
На скучнейшую жизнь зафрахтован пока.

12.02 2008 г.

Олеся Козина

Олеся Анатольевна Козина (род. 1969 г.) работала доцентом кафедры социологии Ульяновского государственного университета. В 1999 г. защитила в Санкт-Петербургском государственном университете диссертацию на соискание ученой степени кандидата философских наук «Неомифология Н. К. и Е. И. Рерихов (Философско-эстетические аспекты)».

Она — автор поэтических книг: «Выбор», «Формы. Выбранное» (Ульяновск, 2000), «Аз есмь» (Ульяновск, 2003).

ВРУБЕЛЬ

ВОСТОЧНЫЙ ТАНЕЦ, 1887.

Тело нагого цвета
Стынет и жжёт, стынет и жжёт.
Дева, смелее лета,
Душу не бережёт.
Призраки рук голодных
Рвутся и рвут, рвутся и рвут
Деву с душой безродной.
Танец — жестокий суд.
Сказки движенья веют:
К ним — глубоко, в них — высоко.
Смерть протанцуй скорее,
Только — легко...

25.06.2003.

ЦАРЕВНА-ЛЕБЕДЬ, 1900.

Камни глаз, руки загадка.
Что сулишь?
Ночь-коса играет в прятки.
В сердце — мышь.
Успокой крылом лебяжьим
Бой в груди.
Волшебством, как звёздной сажей,
Обведи.
Красотой плечо умолкло
На века.
Чуда вещая иголка
Так близка...

28.06.2003.

РУСАЛКА И ВИТЯЗЬ, 1890-1891.

Тела дивного объятье
Телу глупому нажива.
Прочь, безумное проклятье!
Где ты, сердце? Быть бы живу.
Гибель сладостно целует,
Завлекают смерти чары,
Не узнать личину злую.
И душа отдастся даром…

28.06.2003.

ДЕВОЧКА НА ФОНЕ ПЕРСИДСКОГО КОВРА, 1886.

Глаза. О чем их молчанье?
В них Врубель был погружён.
Зрачки глубину качают.
К ним гений навек причален:
Их трепет — изображён.
Глаза. За ними всё слышно:
Как сердце бьётся опять.
Биенье — выше и выше:
Так кисть у Врубеля дышит,
Что не устанет дышать.
Глаза. От них так тревожно
И временем дует: сквозняк.
Зачем в них так невозможно
Душа звенит бездорожьем?..
Как Врубель вернулся? Никак…

16.06.2003.

ШИПОВНИК, 1887.

Шиповничья душа сквозит
Сквозь фон роскошный, омертвелый.
Смолкает стебель, не дерзит.
Цветок прощает вещи тело.
Он чует гибель. Небо дней
Любимых и ночей не спящих
Всё ярче. Смерть. А в ней, а в ней
Он будет беден настоящим…

24.06.2003.

СИРЕНЬ, 1900.

Запах залил
Небо весною.
Запах заплыл
В небо со мною.
Запах так пел,
Спать не хотелось.
Сон обмелел.
Пелось и пелось.
Синь да сирень:
Дух захватило.
Чистая тень.
Чистые силы…

27.06.2003.

ГАМЛЕТ И ОФЕЛИЯ, 1883, 1884, 1888.

Забери мою тоску!
И сомненье, и смятенье.
Ты чиста, любви виденье.
Приложи уста к виску.
Не таи свои черты,
Объясни мне, — кто мы, где мы?
Может, я — презренный демон?
Не молчи во мне хоть ты.
Не мешай тоске моей!
Бог с тобою. Я ж останусь.
Пусть грехи поводят за нос.
Так прозреется скорей…

30.06.2003.

ДЕМОН

ТАМАРА И ДЕМОН, 1890-1891.

В этой пластике Бог повинен.
Страстных грешная ждёт судьба.
Поменяться бы им отныне:
Демон — смертен, она — слаба.
Кто кого опаляет страстью?
Кто молитву творит — спастись?
Бедный Демон, твоим напастям
Дева ближе. Крестись, крестись!
Тайных линий прорыв нежданный.
Вот Тамара, — в себе самой.
Видишь, Демон, как схожи раны…
Души каплют: попробуй, смой!..

26.06.2003.

ДЕМОН И АНГЕЛ
С ДУШОЙ ТАМАРЫ, 1890-1891.

Со мной Тамарина душа!
О, сколько битв, а сколько бдений!
Он там, внизу, разбитый гений.
Но как игра с ним хороша!
Был миг: казалось, — повезло.
И я владел душой своею.
Свернуть бы ангельскую шею.
Но не удастся и назло.
Я — победитель. О, Тамара!
С тобой мы к Богу полетим.
Ну что ж, летите, поглядим.
Эй, победитель! Мы же — пара.
Не зря в единый лик одеты.
Как будто мир души открыт.
Куда же путь её лежит?
Мы оба будем без ответа…

29.06.2003.

ДЕМОН У СТЕН МОНАСТЫРЯ, 1890-1891.

Демон, к земному охочий,
Ждёт у ограды.
Грешные, грешные очи
Стенам не рады.
Камень ли Демона держит?
Камень растает.
Так, — не смыкаючи вежды, —
Демон страдает.
Дух, ослабевших наставник,
Грезит наградой.
Тот, чьи не заперты ставни,
Слышит осаду…

28.06.2003.

ДЕМОН И ТАМАРА, 1891.

Вынь из меня бессмертье!
Здесь, на земле — умру.
В это безмолвье сердца
Как мне найти нору?
В стон я бы весь пробрался,
Ключ подобрал к тоске.
Вздох не возник, не сдался
Хитрой моей руке.
Я с человечьей тайной
Буду совсем хорош.
Только подсказку дай мне!
Так её не возьмёшь.
В этом свободном сердце
Бога я не сотру.
Дай мне немного смерти!
Здесь, у людей умру...

5.06.2003.

ДЕМОН СИДЯЩИЙ, 1890.

Демон к небу прислонился,
Ноги опустил на землю.
Слишком низко опустился:
И не спит он, и не дремлет.
Там — душа смертельно стонет.
Здесь — душа простить не может.
Он навек в земном утонет:
Человек его тревожит.
Демон неба не измерит.
Демон землю не исправит.
Он устал, а в сон не верит.
Кто его заснуть заставит?..

5.06.2003.

ПЕТЕРБУРЖЬЕ...

1. Владимирский

Шла, вознёсшаяся над плитами,
Подпирая руками город,
Утопала ногами скрытыми,
От небес затянула ворот.
У собора, по сердце врытого,
До далёких кровей терпела:
Суетою ли с толку сбитая
Или солнцем пролитым — смелым?
Разгребала дома немытые,
Прогоняя в вечерний омут.
Шла — живая и недобытая
Лапой каменных переломов...

11.02.2005.

2. Дворцовая площадь

Огни, разбившие Неву.
Дворца сбежавшая улыбка.
И площадь — смертью наяву:
Тумана ловкая ошибка.
Столбом, смутившем птичий путь,
Рискует в небе стих гранитный.
Возник прохожий: разомкнуть
Наброски лунного графита...

12.02.2005.

3. Литейный

И лица летели, летели, летели
Навстречу, навстречу, на гулком Литейном.
Вонзались в витрины, кромсали витрины
Из снега и ветра живые картины.
Портреты дробились на звуки, на искры.
И шум стал мишенью, и вечера выстрел
Воскликнул, окликнул из профиля арки
Ахматовской флейтой, незимней, нежаркой…

12.02.2005.

4. Лиговский

И Лиговская стрела
Текла
Мимо памяти пепла
Церкви, что где-то ослепла
В прошлом.
Выкрашен пошлым,
Мир, что живее крови
Взорван любовью,
С яркого рта,
Как сирота,
Вниз —
Нищей ногой реприз.
И Лиговская стрела
Понесла.
Полная пепла,
Крепла…

16.02.2005.

5. Австрийская площадь

Где дома сошлись лучами
Сказки старой красоты,
Миг печальный, миг случайный
Сводит прошлого мосты.
И, томя святым недугом,
Сердце кличет взор эпох.
И фасады льнут друг к другу
Сквозь души невольный вздох…

18.02.2005.

6. Невский

Вязнет язык
В яствах Невского.
Быстро привык
К резкому
Изобилию.
Мост над идиллией
Пауз: в прятки глоток.
Дальше — кусок
Угла: голод
Снова уколот…

23.02.2005.

7. Стрелки

Втиснуться в этот воздух:
Пенорождённый…
Поздно!
С облачного балкона
Свесилось солнце. Тесно:

Набережная зашёптана.
Место
Брызг серого ропота,
Оркестра фасадов…
Глохнуть — дорого!
Звуков сада
Не выполоть и восторгу…

27.02.2005.

8. Мойка

И я не могу разобрать эти камни!
И вытащить души, уставшие дно.
Задавлены, стиснуты, заперты ставни.
И время стучится, и тьма заодно.
А камень весёлый, а камень радушный
Под солнцем, под сердцем теплеет, крича.
И душно, и душно в потоках воздушных,
Где сырость прохладная так горяча…

2.03.2005.

9. Робеспьера

А сфинксы лакают небо,
И вечер прикрыл Кресты…
О, жадное сердце, требуй
По ране от красоты.
По богу с любого шпиля,
По чайке с локтей моста,
По страсти и по бессилью,
Чьи город таит места…

2.03.2005.

10. ...

Небо, небо по Неве.
Ветер, ветер в голове…
И волною гонит вечер,
Капли солнца погасив.
Лёгкой грусти нечем, нечем
Скрыть озябший перерыв.
И рукой луны рассечен
Дня редеющий обрыв…

3.03.2005.

ХАЙКУ

1

Вздыхает небо.
Приют забыла память.
Любишь налегке…

2

Остывший кофе.
Разлука — дно молчанья.
Горький приговор.

3

На всякий случай
Скажу опять: люблю я.
Слов нездешний груз…

4

Мятежный сумрак…
Смелеет лист опавший.
Сладостнее шум…

5

О, этот запах!
Открытый дом осенний.
Странствия небес…

6

Стал воздух легче.
С годами дышишь небом.
Тропы над землёй…

7
Солнце средь зимы.
Чужая жизнь деревьев.
Выкрики ветров…

8

Холодный город.
Дрожат тревоги улиц.
Дыханье снега…

9

Звезда всё ближе.
Тьма рвётся прочь от окон.
Пленённый вечер…

10

Салют под ночью.
Сует угаснут искры.
Призраки огней…

11

Слепое утро.
Ручная вьётся радость.
Уловка счастья…

12

Блеск изменений!
За океаном неба
Где-то берега…

13

Зерцала мыслей.
Полёт над тьмою ликов.
О, демон веры!

14

Мир назван солнцем.
Лучи опередили
Зимы молчанье…

15

Могучий полдень.
К стволам взывают тени.
Берёз признанья…

16

Снов чудный ветер.
Душа привыкла к миру.
Дома в объятьях…

17

Спуститься б к птицам!
В теченье синем вымыть
Тоски одежды…

18

О, света детство!
Расплакались у сердца
Безвинно ветки…

19

Вины чертоги
Возводит и возводит
Бог одинокий…

20

Судьбы поспешность.
Опаздывают души
Вырваться назад…

21

Весна нагрянет!
Дожди напьются ль нынче
Около любви?

22

О, зренья верность!
В окне моём твой виден
Прелестный дворик…

23

Забыть начало!
Пустить по жилам время.
Конца не чуять…

www.ingramcontent.com/pod-product-compliance
Lightning Source LLC
Chambersburg PA
CBHW071620170426
43195CB00038B/1499